JN098497

［新版］

ジェンダーの心理学

「男女」の思いこみを科学する

青 野 篤 子
土 肥 伊 都 子
森 永 康 子
｜著｜

ミネルヴァ書房

はじめに——新しい時代に新しいジェンダー観を！

『ジェンダーの心理学』が1999年に刊行（2004年に改訂）され，男女についての社会的定義づけである“ジェンダー”と“心理学”が，日本で初めて本のタイトルとして1つに結びついた。それからもう20年になる。その間，ジェンダーに関して，何が変わって，何が変わらなかったか。

まず社会が変わったといえるだろう。経済が低成長期に入り，賃金は抑えられ，男性1人だけの稼ぎでは不十分となり，終身雇用に代表される日本型雇用も見直されるようになった。KAROSHIや職場うつなどへの対応としてワーク・ライフ・バランス重視の風潮が強まってきている。1999年に男女共同参画社会基本法が制定されて以来，育児休業法，女性活躍推進法などの法律も制定され，女性が働きやすい環境整備は徐々に進んできた。その結果，女性の就業率も上昇し，旧来のM字型曲線の谷が高くなっている。同時に，このような社会の変化に伴い，生涯未婚率と離婚率の上昇からもわかるように，伝統的な核家族の形は崩壊し，従来の夫婦役割分担は現状にそぐわなくなってきた。

ところが，性別役割分業を支持する態度，すなわち従来のジェンダー意識や行動は，特に男性において，基本的に変わらなかった。今もなお，男性は仕事優先で有償労働をし，女性は家庭優先で無償労働をするというロールモデルのままで，それ以外の新しいモデルの具体的な姿は現れてこない。そのため男性の子育てや家事への参加は低調なままであるし，女性の就労形態は大半がパートタイマーなどの非正規雇用で，子育てによる中断も相変わらず多い。また，職場も男性中心で政策決定や政治に関わる女性はきわめて少ない。世界的にみても，2021年の日本のジェンダー格差指数（gender gap index）の総合スコアは0.656，順位は156カ国中120位（前年は153カ国中121位）である。

ではなぜこのように，社会の変化と人々のジェンダー意識にずれがあるのだろうか。その原因の一つに，個人の意識が社会の変化についていけていないこ

とが挙げられる。これこそが本書で扱う,「男女」についての思いこみ,すなわちジェンダー・ステレオタイプによる弊害である。一人ひとりが,人間といえども女と男の間には生まれつき絶対的な違いがあるとか,それに従って男女のありようや役割は違っていて当然であるなどと考えているのである。いうまでもなく,女性,男性といっても皆違う人間を,男女に二分して考えるのは単純すぎる。また,男女に特徴の違いがあったとしても,その特徴は時代や社会によって多種多様である。それにもかかわらず,人々の女性と男性についての見方はあまりにも凝り固まっている。たとえば,「やっぱり○○の点で男と女は違う」とか,「男は女と違って○○であるべきだ」などと口に出す。人は思いこむと,そのように人を観察したり,そのようにふるまったりする。こうした個人のもつ思いこみが,社会のジェンダーを保ち続けているのである。

そこで本書では,社会心理学の様々な領域,つまり,対人認知,対人関係,集団間関係,社会・制度,文化などの各領域で,ジェンダー・ステレオタイプがどのように研究されているのかを紹介する。1999年刊行の『ジェンダーの心理学』の副題は『「男女の思いこみ」を科学する』であったが,本書では『「男女」の思いこみを科学する』に改めた。その理由は,この20年の間に,女性と男性のカテゴリー自体がますます疑問視されるようになったからである。このことは,心理学の様々な分野で,研究の問いや研究手法などに大きな変革を迫っている。また,心理学は心の学問であり,社会的な視点に欠けるという指摘もあるが,本書はジェンダー・ステレオタイプが「社会の中でつくられる」ことを念頭におき,社会学などからも多くの示唆を受けている。

この本をつくるにあたって,ミネルヴァ書房の平林優佳さんには,編集者の立場からだけでなく第1読者の立場からも貴重なご意見をいただいた。この場を借りて深く感謝の意を表したい。

2021年11月

著者一同

本書の構成

　この本では，まず第1章で，「女性」とは何か？「男性」とは何か？という問題を考えることから出発する。第1節では，人の性は生物学的性（セックス）と社会的性（ジェンダー）が絡み合ったものだということを述べる。第2節では，人の性は，体の性，性自認，性的指向など多面的・多様であることについて考える。そして第3節では，女性と男性についての思いこみであるジェンダー・ステレオタイプについて，その特徴や変容可能性について詳しくみていく。

　第2章では，ジェンダー・ステレオタイプがどのようにつくられ，人々の心の中でどのような働きをするのかについて考える。第1節では，人の成長の過程でジェンダー・ステレオタイプがどのようにつくられるかをみていく。第2節では，ジェンダー・ステレオタイプがいったん形成されてしまうと，なかなか変わりにくく，心の中で維持されることを認知の特性から考える。そして第3節では，ジェンダー・ステレオタイプが自己概念などの自己の諸側面と，あるいは他者・集団などと，どのような関係にあるのかについてみていく。

　続く第3章では，「男女」の思いこみをつくる社会のしくみにアプローチする。第1節では，人々を取り巻く社会のあり方や社会的役割が，ジェンダー・ステレオタイプの形成に大きな影響を与えることを論じる。第2節では，日本社会の特質が，日本で特に根強い家族などと関わるジェンダー・ステレオタイプに強く影響を与えていることをみていく。

　第4章では，第3章とは逆に，ジェンダー・ステレオタイプが社会の中のジェンダーを再生産していることをみていく。第1節では，人々がジェンダー・ステレオタイプを強く信じることで，自己や他者への期待を通して現実の行動を引き出していくプロセスを検討する。第2節では，元来は認知的な特性を帯びた中立的なジェンダー・ステレオタイプが，否定的な感情を帯びた偏

見に変わり，他者や外集団への差別的行動にまで発展することを述べる。第3節では，ジェンダー・ステレオタイプは人々の心理面への影響を通して社会の格差を増幅し，格差を正当化する弊害をもっていることにふれる。

第5章では，やや特殊な問題であるが，心理学という学問がこれまでジェンダー・ステレオタイプによって影響を受け，それがさらに人々の思いこみを強くしてきたことを取り上げる。第1節では，生まれつきの男女の違いを前提とした伝統的な心理学の理論，そして脳科学や進化心理学に沿った性差の説明の問題点について取り上げる。第2節では，心理学の研究で習慣的に行われる性差の分析というものに，はたして妥当性があるのかを検討する。第3節では，フェミニズムの影響を受けて心理学の中に生まれた研究枠組みや研究方法の見直しについて取り上げる。

最後の第6章では，ジェンダー・ステレオタイプの変容に向けて，私たちに何ができるのかを考える。第1節では，ジェンダー・ステレオタイプがなぜ変わりにくいのか，女性と男性の役割の変化を例にとって考える。第2節では，認知の特徴やメカニズムの点から，ジェンダー・ステレオタイプが変容する可能性について提案する。第3節では，自己の内面や行動を既成の（ジェンダー・ステレオタイプに従った）自己概念から解放して，新たな自己に出会う可能性を探る。第4節では，一人ひとりの努力には限界があることを自覚して，人々が一緒になってジェンダー・ステレオタイプを変えていくことを提案する。

目　次

コラム

📖 研究紹介

第1章

「女性」とは？ 「男性」とは？

　女性とは何か，男性とは何かという質問ほど難しいものはない。まるで別の種の異なる生き物であるかのように考える人もいれば，生殖器の違いだけだと考える人もいるかもしれない。しかし，実際は，共通点も違いも多い。ヒトも他の多くの生き物と同じように，雌的要素と雄的要素をもっており，これが主に身体面での差異をもたらす。しかし，ヒトは，社会という器の中で男らしさや女らしさを身につけていくのである。女性・男性，あるいは他の性も含めて，ヒトの性は，生物学的性（セックス）と社会的性（ジェンダー）が絡み合ったものなのである。この絡み具合を解明していくのが，この章の目的である。まず第1節では，セックスとジェンダーの意味と，それらがヒトの性を形づくるうえでどのように作用するのかを説明する。第2節では，ヒトの性の多面性と多様性について事例をもとに考える。第3節では，その多面性と多様性に反するかのように，人々が「男女」についてかなり頑固な思いこみ，つまりジェンダーのステレオタイプを抱いていること，そしてその内容や変容についてみていく。

第1節　セックスとジェンダー

人の性を形づくるセックスとジェンダー

　日本語の「性」ということばは多義的である。それはとりもなおさず，性の多面性・多様性を含蓄していることを示している。本書では，身体・心理・行動などあらゆる面での，「ある人のありようとしての性」を「広義の性」ということばで表す。一方，人の性を形成していく要因としてのセックス（sex）とジェンダー（gender）を「狭義の性」ということばで表す。すなわち，セックスとは，染色体，遺伝子，ホルモンなど人間を内側から性分化させる「生物学的性」である。そして，ジェンダーとは，いわば女性と男性にまつわる社会文化的な定義であり，人間を外側から性別分化させる「社会的性」である。

　現在，セックスとジェンダーは交換可能なことばとして用いられる傾向がある。「あなたの性別は？」と聞く代わりに，「あなたのジェンダーは？」と聞いたり，新たな性別を第3のジェンダーやXジェンダーと言い表すように，性別をジェンダーで言い換えるのがよい例である。こういった傾向は，セックスでさえ社会的につくられたものであるという社会構築主義（Butler, 1990など）の影響がみられるが，ではセックスとはいったい何かという疑問が生じてくる。

　本書では，セックスとジェンダーは人間の心や行動を形づくる異なる要因であるという立場をとり，ジェンダーはセックスに置き換えられない社会的構築物であり，人間の心理のあらゆる側面に影響を及ぼすことを考えていきたい。上述のように，セックスは人の内側から作用する要因であり，ジェンダーは人の外側から作用する要因であることを模式的に示したのが図1-1である。セックスは個人の内部にSの◯で表されている。ジェンダーは個人の外にあってGの●で表されている。個人はGを自分の中に取り入れてジェンダーについての観念や知識とする。それがG′の◯である。

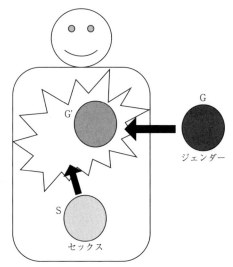

図1-1　人間の性を形成する要因としてのセックスとジェンダー

出所：筆者（青野）作成。

セックス——生物学的性

　セックス（sex）ということばには性行為という意味もあるが，性別という意味もある。ところが性別は，時に体の性，時に心の性を表すことがあり，定義が曖昧である。そこで，本書は，セックスを，人間の身体に作用してその人の性を形づくる（性の分化の）要因という意味で「生物学的性」と訳すことにする。

　性の分化は受精の瞬間に決まるわけではない。胎内で受精卵が成長して赤ん坊が誕生するまでにはいくつかの段階がある。そして，その各段階で，女性化ないしは男性化が進行していく（Money & Tucker, 1975）。このリレーレースでバトンの役割を果たすものが何なのかすべてわかっているわけではないが，遺伝子の他にホルモンやある種の物質が重要な役割を果たしている。

　性の分化は，大まかに次の4段階で進んでいくとされる。

① 性染色体の組み合わせ

　卵子が運ぶX染色体と精子が運ぶX・Y染色体の組み合わせで，遺伝学的レ

ベルで女性か男性かが準備される。つまりＸＸであれば女性で，ＸＹであれば男性になる可能性がきわめて大きい。しかし，それ以外の組み合わせが生じることもあり，また，それ以後の過程が影響を与える。

② 性腺（精巣と卵巣）の形成

妊娠初期の胎児は性染色体による違いはなく，まったく同じ生殖器の構造で，性腺と雌系の管（ミュラー管）と雄系の管（ウォルフ管）をもっている。ところが，妊娠6週頃になると，Ｙ染色体上に精巣をつくる遺伝子がある場合には精巣が，ない場合には卵巣が育っていく。もちろん，この段階でも，少数ではあるが例外がある。

③ 外性器（ペニスとクリトリス）の形成

精巣からアンドロゲン（いわゆる男性ホルモン）が分泌されると，染色体の性とは関係なくペニスが形成されていく。一方，それらの物質が存在しない時，染色体の性とは関係なくクリトリスがつくられる。

④ 内性器（前立腺と子宮）の形成

精巣から分泌されるミュラー管抑制物質の働きでミュラー管が消失し，ウォルフ管が徐々に前立腺に変化するのが男性化で，それがない時に，ミュラー管が徐々に子宮に変化し，ウォルフ管が消失していくのが女性化である。しかし，③，④の段階でも，物質が正常に作用しない例外的ケースがある。

これらは性分化についてのいわば定説であり，男性化を進める物質（SRY遺伝子など）があると男性化（精巣がつくられる），ないと女性化（卵巣がつくられる）が進行すると説明がなされている。しかし，近年の研究では，女性化を進める物質（たとえばRspo1という遺伝子）も存在することがわかってきた（Fausto-Sterling, 2012）。

ジェンダー──社会的性

ジェンダー（gender）ということばはもともと文法用語で，単語の性を表すものだった。また古くは動詞としても使われ，産むとか，生み出すという意味をもっていた。しかし，人間の性が単に生物学的な要因だけで決まるものでは

5

なく，社会的に形成されるものだという認識が強まるに従って，前者をセックス，後者をジェンダーと呼び分けるようになったのである（上野，1995）。ジェンダーの日本語訳はまだ定まっていないのが現状で，女らしさ・男らしさと同義に用いられたり，心理社会的性と訳されることもある。ちなみに，加藤（2006）によると，ジェンダーということばは，①性別そのもの，②自分の性別は何かという意識，③社会的につくられた男女差，④社会的につくられた男女別の役割，という大まかには4通りの意味で使われている。本章では，青野（2008）に従い，ジェンダーを「社会的性」と訳すことにする。それは，ジェンダーは元来，個人の中から自然発生的に生まれてくるものではなく，個人の外側，つまり社会から個人に影響を与えて女性的ないしは男性的にしていくものだからである。

　人種，国籍，年齢，職業，出身校など，人間を分類する方法は数多くあるが，性別は最も優先されるカテゴリーである。これは，男女の分類や区別が社会の至るところに存在していることからもわかる。たとえば，男女別のおもちゃ，ボーイズ・ファーストの出席簿，履歴書の性別欄，「男は仕事・女は家庭」の性別分業などである。これらには，必ずしも必然性や合理性があるとはいえないが，分けることによって様々な違いが出てくるのである。

　ジェンダーの定義は，男女の体つきや性格について，趣味や服装について，さらに男女の役割について，明確に言語化されたものからイメージや比喩的な表現まで数多く存在する。女性は小さく，かよわく，おしゃれで，子育てや家事に励む。それに対して，男性は大きく，たくましく，機械に強く，仕事に励むなど。女性と男性についての意味づけや，社会の中での女性と男性の関係や，女性と男性がどのようにふるまうべきかを決めていく。すなわち，ジェンダーには，女性と男性にとってふさわしい行動を指定する社会的期待としての側面もある。このような，それぞれの性にふさわしいと考えられる行動や特性のまとまりを「性別役割（gender role）」という。

　これらはもともと，男女の差異を表す表現であっても，上下関係や価値の有無を意味してはいなかった。それが，男性が主役で女性が脇役という意味に変

化してきたのは，実は，人間の長い歴史からみればごく最近のことで，武家社会や近代社会以降のことである。近代産業社会は，自然の中で男女が協力して生産活動を行うという生活スタイルを，「男は仕事・女は家庭」という性別分業へと変化させたといわれている。この性別分業は，市場経済社会にあっては賃金労働が上，家事労働が下という上下関係を生んだ。さらにこの性別分業により，男性には仕事にふさわしい特性が，女性には家庭にふさわしい特性がつけ加わったのである。

　これまで多くの社会で，女性には，子どもを産み育てること，家庭的であること，愛想のよさ，従順さなどが求められてきた。一方男性には，経済力，強さ，有能さ，積極性などが期待されてきた。特に性格特性に関しては，女性役割は他者に配慮すること，男性役割は一人の人間として独立していることがその中核となっており，ベイカン（Bakan, 1966）はそれぞれを「共同性（communion）」「作動性（agency）」という対の概念で言い表している。

　人々は社会に適応していくために，社会的期待に沿った特性や行動を身につけようとする。社会的期待としての性別役割が，女性と男性の行動を方向づけ，行動を規制していくのである。女性と男性のありようは時代や社会によって少しずつ異なる。しかし，社会的取り決めとしてのジェンダーは，後で述べるように，人々の心の中でステレオタイプ化され，時代や社会を超えて維持されている。

第2節　人の性の多面性・多様性

体の性

　セックスと体の性を同じ意味で使うことが多いが，前節で述べたように本書では別物と考える。また，身体・心理・行動の諸側面にセックスとジェンダーの2つの要因がどのように作用するかを仮説として表したのが図1-2である。この図では，身体的特性（体の性や体格）にはセックスの要因（……）が強く働き，行動（社会的役割や非言語的行動も含まれる）にはジェンダーの要因（――）

7

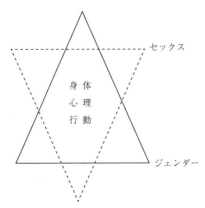

図1-2　身体・心理・行動の諸側面を形成するセックスとジェンダー
出所：筆者（土肥）作成。

が強く働いている。中間にある心理的特性（心の性や性格）には，２つの要因が同じような割合で働いていると仮定されている。しかし，それらの比重は正確に割り出すことはできないだろう。というのは，人は生物学的な基礎をもちながら，生まれてすぐに社会文化的な影響を受けて成長していくからである。

　人間は，先に述べた通り，胎児期から，染色体，遺伝子，ホルモンなどの作用によりいくつかの段階を経て，女性的・男性的な構造へと分化していく。そして，生まれた時に外からみえる性器の形状（外性器）から「女性」「男性」と性別が指定されるのが一般的である。しかし，体の性の成り立ちは想像するほど単純ではない。

　人間は女性と男性に分かれるのが基本形だとしても，女性と男性の間には無数の移行形が存在し，グラデーションの様相を呈している。そもそも，女性と男性は発生的には同じ構造から出発するが，染色体の組み合わせ，遺伝子やホルモンの働きによって，その分化の仕方は個々でまちまちなのである。時として，男性の構造と女性の構造を部分的にあわせもつか，どちらとも判別できないような生殖器（これには外からみえる外性器と内部にある内性器がある）をもっている場合がある。これらは女性と男性の中間という意味でインターセックス（間性，医学的には性分化疾患）と呼ばれ（橋本，2004），コラム１-１に紹介する

性別確認検査が教えてくれること

2009年に，女子陸上競技800メートル走のメダリストであるキャスター・セメンヤ選手（南アフリカ）の性別に関する疑義が生じた。女性の競技に男性が出場するのを防ぐための性別確認検査は，1948年の英国女子陸上競技連盟が最初とされ，外性器の形状を調べる方法（視診）から口腔粘膜の採取により性染色体を調べる方法，PCR法（口腔粘膜や唾液から性決定遺伝子を検出する方法。新型コロナウイルス感染症の診断でよく知られるようになった）へと変遷を遂げ，人権に配慮する観点から，現在では疑義事例が発生した場合に限り検査が実施されるようになってきた（來田，2018）。

セメンヤ選手の事例では，国際陸上競技連盟が検査を要求，その結果，テストステロンが通常の女性より異常に高いインターセックス（子宮・卵巣がなく精巣がある）であって，男女いずれかに特定できなかったが，本人が自認している性が尊重され，メダルは確定した。ところが，2015年以降は，女性の競技に出場できるのは，解剖学的な性別に関係なく，体内のテストステロン値が一定の範囲内にある人という条件が課されるようになる（來田，2018）。そして，セメンヤ選

手はその条件を満たせず，女性の競技に出場できないことになった。今後出場するためにはテストステロンを下げる薬物を使う必要がある（一種のドーピングである）ことから，セメンヤ選手と南アフリカ陸上競技連盟は，仲裁裁判所にテストステロン規定の無効を訴えたが，却下された。IOC（International Olympic Committee：国際オリンピック委員会）でも性別適合手術の有無を問わず，テストステロンの値により男女の線引きをするというルールになっている（朝日新聞，2020）。

セメンヤ選手は，体の性ははっきりしないが性自認は女性である。他にも，性別適合手術をして男性の体から女性の体になった人，男性の体のまま女性を自認する人も存在する。だが，陸上競技の世界では，性別を決めるのは性器でも性自認でもなくテストステロンの値だということになる。來田（2010）は，性カテゴリーを峻別した競技とは，もはやフィクションにすぎないのかもしれないと述べている。もしかしたら，将来は，男女別の種目はなくなり，テストステロン値が高い人と低い人とで分けるようになるかもしれない。

陸上選手もこれにあたる。

　これらは特殊なケースかもしれないが，性別は我々が思っているほど明瞭なものではなく，曖昧さをはらんでいるということを教えてくれる。しかし，男女の違いは，生物学的根拠があるために絶対的なものとみなされ，男女の心理面での差異や社会的役割の違いが正当なものとみなされるのである。

性自認 (gender identity)

　多くの人が何らかの性別を自認し，それが生活上ないし社会と関わるうえで大きな比重を占め，強固なものとなっている。このように，自分が自分について考える性別は，日本語では「性同一性」または「性自認」（日常語として「心の性」ということばもある），英語では一般に「ジェンダー・アイデンティティ (gender identity)」ということばが使われる。

　私たちは，かなり幼い段階で，自分が女か男かについての意識をもつようになる。自分が女か男かについての認識は，個人の意識の重要な位置を占める。子どもが自分の性別を意識し始めるのはことばを覚え始めるのとほぼ同時期で，およそ2歳頃と考えられている。自身の身体的特徴から自身の性別を認識し，それが自身のアイデンティティの一部として確固たるものになっていくのであろう。しかし，詳しいメカニズムはよくわかっていない。一説には脳の構造や働きが関わっているともいわれるが，生後の環境や周りの働きかけのすべてが影響を与えていると考えられる。多くの人が，生まれた時の体の性別に従って名前を決められ，ピンクかブルーのいずれかの洋服を与えられ，異なる扱いを受ける。その結果，子どもの側も男女のカテゴリーとそれらの意味に漠然と気づき，自分がどちらに属するかを判断するようになるのである。

　しかし，中には性自認が体の性と一致しない場合もある。性自認が体の性と合致しない状態に対して，これまで「性同一性障害 (gender identity disorder)」ということばが使われてきたが，2013年に改訂された国際的な診断基準であるDSM-5では「性別違和 (gender dysphoria)」ということばが使われるようになった。さらに今日では，これらを精神疾患の枠組みからはずす動きもある。

こういった人たちの中には性別変更手術を希望する人もいれば，希望しない人もいる。また，性自認と体の性が違うままの状態を受け入れる人もいる。このような多様性を表すために，「トランスジェンダー（transgender）」ということばが使われる。トランスジェンダーとは，体の性に基づいて個々人に割りあてられた性別とは異なる性別での生活を実行する人たちを総称したことばである（佐倉，2006）。それに対して「シスジェンダー（cisgender）」ということばがつくられた。これは，体の性と性自認が一致しており，それに従って生きる人のことを指し，トランスジェンダーを差別的に扱わないために使われる。

　性別違和やトランスジェンダーは自分の性別に悩む人たちだけの稀な問題と思われるかもしれないが，実は体の性と性自認が別次元のものであることを教えてくれる。すなわち，性自認は体の性とは別のルートでつくられ，体の性よりも強固で，本人のアイデンティティの中核となっているのである。体の性に比べ，心の性は社会的要因によって形成される傾向が強いため，こうしたズレ，性別違和が生じるとも考えられる（図 1 - 2 参照）。したがって，もしこの社会が男女の差異や区別を問わなくなれば，私たちは自らの性別にそれほどこだわることもなくなるかもしれない。

性的指向（sexual orientation）

　人間の性にはさらに別の側面がある。個人の性自認や性的欲求に基づいて，どのような人を好きになり性的な関係をもちたいかという性的指向の側面である。性的指向は体の性を基盤にしつつ，個人の経験や人との関係を通して形成されるものであり，図 1 - 2 で示しているようにセックスとジェンダーが関わっていると考えられる。社会に広く行きわたった異性愛至上主義のもとで，人間は女性か男性のどちらかであり，女性と男性が愛し合うという異性愛（ストレート）が普通で正常と考えられ，今なおその傾向は続いている。女性でも男性でもない人，異性愛を受け入れない人は少数派とみなされ，性的マイノリティ（セクシュアル・マイノリティ，性的少数者）と呼ばれてきた。

　そして，性的マイノリティを分類するために LGBT ということばが使われ

てきた。LGBTはレズビアン（Lesbian），ゲイ（Gay），バイセクシュアル（Bisexual），トランスジェンダー／トランスセクシュアル（Transgender／Transsexual）を表すが，トランスジェンダーは性的指向ではなく，前述した性自認に関わることばである。性的指向も性自認ももっと多様であることから，インターセクシュアル（Intersexual），クエスチョニング（Questioning）を加えたLGBTIQということばが使われるようになった。しかし，これらのことばは当事者とそうでない人を分断する傾向があり，セクシュアリティの理解を阻害する。そのため，2011年に国連人権理事会で「人権，性的指向および性自認決議」が採択されて以来，SOGIということばが使われるようになった（藤原, 2018）。

　SOGIはSexual Orientation and Gender Identityの頭文字をとったことばであり，性的指向と性自認を表す。性的指向と性自認は少数派・多数派に関係なくすべての人に共通したセクシュアリティの要素である。SOGIはカテゴリーではなく，それぞれの要素ごとに個人の状態を位置づけるものである。たとえば「性自認は女性で性的指向も女性に向けられている」「性自認ははっきりしないが性的指向は男性に向けられている」など，多様なセクシュアリティが想定される。そして，このSOGIということばを用いることによって，少数派と多数派に分かれることもなく，誰もが自分は例外的などと考えることもなく，自分のこととしてセクシュアリティについて考えることができる。

ジェンダーする（doing gender）

　これまで述べてきたように，ジェンダーは，個人の性のあり方とは異なる次元，つまり社会的な状況においてつくられ，性別役割という形で「現に」存在する。だからこそ，本来の自分とは違うところでそれを役割として演じることもできる。歌舞伎では男性の役者が女性ジェンダーを演じ，宝塚歌劇では女性が「男役」「娘役」を劇場の舞台で演じているが，私たちは人生という舞台でジェンダーを演じているのである。そして，それが個人に内在化し，人間を役割に沿ったものにつくり変え，さらにはジェンダー社会の維持に寄与している

のだといえよう。

　フェミニスト研究者の中には，ジェンダーを名詞ではなく動詞として用いるべきだと主張する人たちがいる（West & Zimmerman, 1987など）。ジェンダーは，個人がもつ（having）ものではなく，行う（doing）ものだというのである。たとえば，いつもは食欲旺盛な女性が，男性の前では小食になるとか，いつもは自分で車を運転している女性が，男性とドライブする時には助手席に移るというのは，その女性が個人の特性を超えたところでジェンダーを演じているのである。状況や対人関係がジェンダーをつくり出しているともいえる。

　私たちは自分でも気づかずにジェンダーを演じていることが多い。それはとくに非言語的（ノンバーバル）行動に表出される。多くの研究を総合して性差の大小を評価したメタ分析（第5章第2節参照）の結果でも，非言語的行動は比較的大きな性差を示している。すなわち，女性は男性よりも表情が豊かで，笑顔を示すことが多く，相手をよく見つめ，身ぶり手ぶりを多用する（Hall, 1984; Hall & Gunnery, 2013）。言い換えれば，女性は一般に愛想がよく，感情表現が豊かだが，男性は一般に無愛想で，感情表現に乏しいという特徴がある。

　女らしさを伝達する非言語的行動として，声の高さをみてみよう。もともと平均的に女性は男性より細い声帯をもち，声も高いのだが，女性が電話をかける時の声や，女らしさを演じる時の声は一段と高くなる。これは愛想のよさを期待され，それに従った結果だと考えられる。女性の社会進出とともに女性の声が低くなりつつあるという指摘がある一方，女性は場面によって声の高低を使い分けているとの報告もある（研究紹介1-1）。このように，ジェンダーは演じられることで再生産されている。

　性別役割は演じられ（図1-2の「行動」に関係する）内面化され，自己概念の一部となっていく（図1-2の「心理」に関係する）。第1節で述べたように，女性には共同性が，男性には作動性が期待される。女性に期待される共同性ではあるが，それが過剰になると，否定的なものとなる。たとえば，人に思いやりをもつのはよいが，それが過剰になると，自己主張できなかったり，人のことを考えすぎて行動できなくなることがある。また男性に期待される作動性には，

女性の声はつくられる

声の高さは声帯の太さが関係しており，平均すると女性の方が声帯が細く，声は高い。そこから，声が高い女性の方が女らしいとか，声が高い方がかわいい（愛想がよい）と思われるようになったのだろう。そういった性別役割に従って，女性たちは声を演じてきた。ここでは1990年代の前半と後半では女性アナウンサーの声の高さが低音化したこと，近年はメイド声や萌声と呼ばれるような，普段と違う声で女性性を演じる傾向があることを紹介する。

宇都宮大学工学部の粕谷英樹教授と小野明久氏の研究（電気電子工学）によると，日本の女性アナウンサーのニュースを読む時の声の高さ（平均基本周波数：声帯の1秒間の振動数を表し，これが大きいほど声は高い。日本語では，声が低音化すると，メリハリをつけるため抑揚は大きくなる）は，1992年には198-269ヘルツと比較的高い声だったのに対して，1995年には191-242ヘルツと低くなり，1992年のアメリカの159-202ヘルツに近づいた（図1-3）。ちなみに，20歳男性

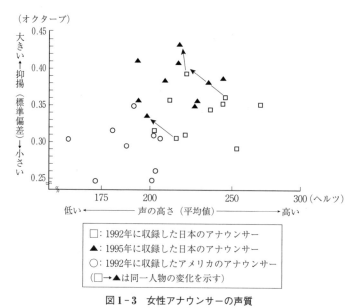

図1-3 女性アナウンサーの声質

出所：朝日新聞（1996）。

の平均は120ヘルツ，20歳女性の平均は230ヘルツ程度だという（朝日新聞，1996）。

また最近では，川原（2015）が，メイドカフェで働く人の仕事上のメイド声と普段使っている地声とを比較する研究を行っている。図1-4に示したように，明らかにメイド声の方が高い。多くは男性客を相手に愛想をふりまくのがメイドの役割であり，普段以上に高い声を出すことにより女性性を十二分に発揮してい

るのである。

以上のことから，女性の声が現代において低音化してきたとは一概にいえない。ニュースを読むアナウンサーには一定の説得力が求められており，地声に近い低めの声を出すようになったが，いわゆる「女子アナ」というアイキャッチャーの役割を演じる場合には，地声より高めの声を出しているように見受けられる。女性は時と場合によって声を使い分け，現代を生き延びているのだといえよう。

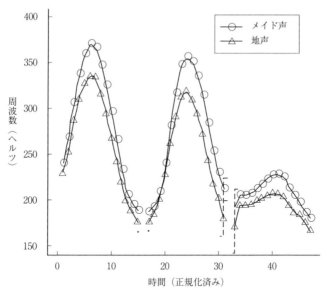

図1-4　メイド声と地声の比較

出所：川原（2015）。

行動力や意志の強さなどがあるが，それが過剰になると，他人を言いなりにさせたり，相手の言い分に耳を貸さなかったり，攻撃的になることがある。土肥・廣川（2004）は，肯定的・否定的の両側面の測定が可能な尺度（CAS：Communion-Agency Scale）を作成したが，そこからは，こうした女性の否定的共同性を緩和するのが作動性，男性の否定的作動性を緩和するのが共同性であることが示唆された。

第3節　ジェンダー・ステレオタイプ

ジェンダー・ステレオタイプとは

　ところで，あなたは，「行動力があって自己主張もでき，リーダーとしてもふさわしく，頭もよい」人は何のカテゴリーの人だと思っているだろうか。また，「優しくて感受性もあり，かわいらしくて控えめな」人についてはどうだろうか。実は，これら2つの性格の特徴は，それぞれ，男性，女性という社会的カテゴリーと結びついている。そして，「男性とは，行動力があって，自己主張ができ……」，他方，「女性とは，優しくて，感受性が高くて……」といった思いこみになっている。このように，男性と女性に対して人々が共有する，構造化された思いこみ（信念）は，ジェンダー・ステレオタイプと呼ばれている（Lippa, 1990）。

　ステレオタイプの構造がどのようになっているのかを理解するのに，認知心理学の分野で見出されている知識のネットワーク理論が有効である。コリンズとロフタス（Collins & Loftus, 1975）は活性化拡散モデルを唱え，頭の中の概念は，語彙の意味の近さや音素・つづりの類似性などによってネットワークを形成すると考えた。ジェンダー・ステレオタイプも，様々な概念が関連づけられたネットワークのようなものとして頭の中に保存されていると考えられる。図1-5は，男性のステレオタイプのネットワーク構造を仮説的に示したものである。このモデルは，ある概念が提示されると，その刺激によって意味的に関連した概念が活性化されるというプライミング実験などに応用されている（研

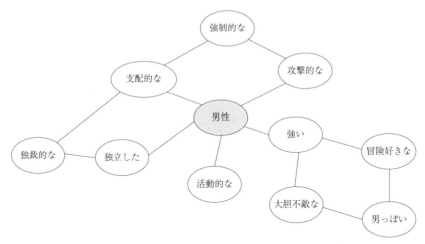

図1-5　ジェンダー・ステレオタイプのネットワーク構造（例）

出所：筆者（青野）作成。

究紹介1-2）。

　では，ジェンダー・ステレオタイプの内容はどのようなものだろうか。心理学の分野において，ステレオタイプの初期の研究は，主に性格特性を用いて集団に対して行われてきた。日本には，諸外国に先駆けた柏木（1967）の研究がある。この研究では，身体的，知的，性格的，社会経済的領域にわたる34項目の形容詞に対して，男性にとっての望ましさ，女性にとっての望ましさが評定された。その結果，参加者の性別や年代（中学生・高校生・大学生）の違いを超えて女性以上に男性に望まれたのは，「背が高い」「活発な」「意志強固な」「仕事に専心する」であり，男性以上に女性に望まれたのは，「行儀よい」のみであった。少なくとも青年期の男女にとって，男性に対するステレオタイプは，女性に対するステレオタイプよりも明確に認識されていることがわかる。続く研究（柏木，1972）では，女性には「美と従順」の因子，男性には「能力」と「行動力」の因子が見出された。

　アメリカにはブロヴァーマンらの研究がある。ブロヴァーマンら（Broverman, Broverman, Clarkson, Rozenkrantz, & Vogel, 1970）は，臨床家に122項目からなる

頭の中で連鎖するジェンダーの知識

ブレイアとバナジ（Blair & Banaji, 1996）は，ジェンダー・ステレオタイプに関連した，ネットワーク化した知識の一部分を思い出させる（プライミングという）ことにより，それと関連した他の知識が頭の中で刺激されることを，次のような実験を行って明らかにした。

実験の参加者（女子大学生46名，男子大学生27名）は，コンピュータのモニター上で，2語で1対になった語を1語ずつみる。最初の語は，後でみせられる対象語（target）を頭の中でよみがえらせるためのプライム刺激（prime）である。プライム刺激には様々な種類があり，

たとえば性格特性に関する「男性的な語」としては，ambitious（野心的な），hostile（敵対心のある），assertive（主張的な）などがあり，「女性的な語」としては，dependent（依存的な），sympathetic（共感的な）などが用いられた。また，モノや職業や活動に関する「男性的な語」としては，tall（背が高い），sports（スポーツ），briefcase（ブリーフケース）などがあり，「女性的な語」としては，petite（小さい），ballet（バレエ），flower（花）などが用いられた。対象語は，一般的な女性と男性の名前（ファースト・ネーム）であった。

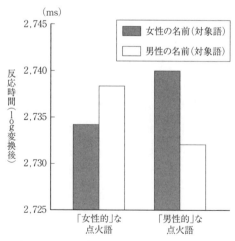

図1-6　プライム刺激と対象語の組み合わせごとの反応時間の比較

出所：Blair & Banaji（1996）.

　参加者は，プライム刺激をみた後に対象語をみて，その対象語のファースト・ネームが女性の名前であるか男性の名前であるかをすばやく判断する，という課題を与えられた。そして，①プライム刺激も対象語も男性的な対，②プライム刺激は男性的だが対象語は女性的な対，③プライム刺激も対象語も女性的な対，④プライム刺激は女性的だが対象語は男性的な対をつくり，それぞれの対における対象語に対する性別の判断の速さ（反応時間）を比較した。もし参加者が，プラ

イム刺激が「男性的な」ことばであったか「女性的な」ことばであったかに方向づけられながら対象語の性別を判断しているのであれば，プライム刺激と対象語の性別が同じ場合の方が対象語の判断がすばやくなされ，反応時間は短くなるはずである。実験の結果は図1−6の通りとなり，当初の予想が的中した。この研究結果から，ジェンダーのステレオタイプがプライム刺激によって自動的に活性化することがわかった。

特性語のリストを提示して，「社会的にも人間的にもすぐれた」人間・男性・女性を答えてもらったところ，人間と男性は近似していたが，女性はそれらと異なっていた。望ましさの判断に男女別の二重の基準（ダブル・スタンダード）があることがわかった。また，ブロヴァーマンら（Broverman, Vogel, Broverman, Clarkson, & Rozenkrantz, 1972）は，アメリカでのいくつかの研究を概観し，性別・年齢・学歴等の違いに関わらず，多くの人が好ましい男性特性として挙げたものは，独立的，客観的，行動的，競争的など，「有能さ（competence）」の次元にまとめられ，女性特性とされたものは，優しさ，他者の気持ちに敏感，信仰にあついなど，「温かさ・表出性（warmth & expressiveness）」の次元にまとめられるとした。

　1980年代には，ウィリアムズとベスト（Williams & Best, 1990）の研究が行われている。彼らは，日本を含む25カ国の男女大学生を対象に，300個の形容詞の中から，どの形容詞が男性，女性のことを意味しているかについて回答してもらった。67％以上を基準にして，25カ国中19カ国（75％）以上の国で女性を意味するとして選ばれた形容詞の数は25個であったのに対して，男性形容詞の数は49個であった。すべての国で一致していたのは，男性向けでは，冒険心がある，支配的な，力づくの，自立的な，男性的，強いの6個，女性向けでは，感傷的な，従順な，信心深いの3個であった。この調査から，男性に対するステレオタイプの方がより普遍的だということがわかる（男性語より女性語の方が多く選ばれたのはオーストラリア，カナダ，マレーシア，ナイジェリア，タイの5カ国であった）。

ジェンダー・ステレオタイプは変わってきたか

　近年，世界的に，女性を取り巻く社会的状況は大きく変化し，男女の役割分担も，境界がはっきりしなくなってきた。そのため，ジェンダー・ステレオタイプも変化したと思われるが，その内容は，意外なほど変わっていないようである（Eagly & Mladinic, 1989 など）。我が国の現状をみても，職場や家庭などにおいて徐々に男女の役割分担は変わりつつあるが，ジェンダー・ステレオタイ

表1-1　MHF スケール

女性役割項目	男性役割項目
かわいい	冒険心に富んだ
優雅な	たくましい
色気のある	大胆な
献身的な	指導力のある
愛嬌のある	信念をもった
言葉使いのていねいな	頼りがいのある
繊細な	行動力のある
従順な	自己主張のできる
静かな	意志の強い
おしゃれな	決断力のある

出所：伊藤（1978）をもとに筆者（青野）作成。

プは，この20年でも変化は小さい。

　土肥（1995）は，伊藤（1978）の MHF スケール（表1-1）のうち，男性役割項目と女性役割項目について，それらが，男女それぞれに対してどの程度重要であるかを判断させた。その結果，すべての男性役割項目は女性よりも男性により重要で，すべての女性役割項目は男性よりも女性により重要であることが明らかになった。また，2002年から2003年にかけての調査でも，同じ MHF スケール項目が男女それぞれにとってどの程度望ましいかを判断させた。その結果，ほとんどの項目で，ステレオタイプに沿った男女への望ましさの判断をしていた。つまり，20年以上前に作成された項目が，現在でもジェンダー・ステレオタイプとして認められていることが明らかになったのである。その中で唯一の例外が「自己主張のできる」という男性的特性であり，「自己主張のできる」ことは，男性に対しても女性に対しても望ましさに違いはなくなっていた（Dohi, 2014）。

　一方，ジェンダー・ステレオタイプに変化がみられるという報告もある。湯川・清水・廣岡（2007）は，大学生におけるジェンダー特性語の認知が1970年代と1990年代でどのように異なるかを検討している（研究紹介1-3）。

　上で紹介したのは20年以上も前の心理尺度を使った大学生を対象とした研究であるが，世の中に出回っているニュースの記事のような客観的な資料から，

大学生のジェンダー・ステレオタイプはどう変わったか

　湯川・清水・廣岡（2007）は，1975年に大学生1060名（女性491名，男性569名），1991年に大学生916名（女性460名，男性456名）を対象に，質問紙調査を行った。その研究では，MMPIのMf尺度や伊藤（1978）のMHFスケールなど，1960～1970年代に作成された数種類の尺度から選定された50個の特性語リストを作成し，調査対象者に，男性にあてはまる特性語，女性にあてはまる特性語，男女ともにあてはまる特性語，男女ともにあてはまらない特性語のどれかに分類させた。そして，男性にあてはまる特性語とした対象者数が他の分類の対象者数全体より有意に多い（CR比5％以下）項目を典型男性語（M），同様に女性にあてはまる特性語とした対象者数が他の分類の対象者全体より有意に多い項目を典型女性語（F），男女両性にあてはまる特性語とした対象者数が他の分類の対象

表1-2　ジェンダー・ステレオタイプの20年間の変化

特性語	回答者	1970年代	1990年代
典型男性語（M）	男性	自信のある，つよい，線の太い，政治に関心のある，視野の広い，経済力のある，意志強固な，指導力のある，仕事に専心的な，つき合いのよい，独創的な（11語）	つよい，経済力のある，指導力のある，無頓着な，粗略な（5語）
	女性	つよい，政治に関心のある，視野の広い，経済力のある，意志強固な，指導力のある，仕事に専心的な（7語）	つよい，線の太い，経済力のある，指導力のある（4語）
典型女性語（F）	男性	かわいい，よわい，従順な，依存的な，美しい，気持ちのこまやかな，こまかい，感情的な，おしゃれな，家庭的な，でしゃばりな（11語）	かわいい，美しい，気持ちのこまやかな，家庭的な（4語）
	女性	かわいい，よわい，従順な，依存的な，美しい，気持ちのこまやかな，行儀のよい，こまかい，感情的な，でしゃばりな（10語）	かわいい，従順な，依存的な，美しい，気持ちのこまやかな，感情的な，でしゃばりな（7語）
典型男女両性語（MF）	男性	頭のよい，明るい（2語）	頭のよい，積極的な，明るい（3語）
	女性	頭のよい，積極的な（2語）	頭のよい，積極的な，外向的な，明るい，おしゃれな，勝手な（6語）

出所：湯川ほか（2007）をもとに筆者（青野）作成。

者全体より多い項目を典型男女両性語
（MF）とした。

表1-2からわかるように，M，F，
MFのいずれの特性語も，年代を超えて
同じ性別に分類されていた。また，1990
年代は1970年代よりもM，Fの数が少
なく，MFが多くなった。変化の中身を
より詳しくみると，1970年代に男女から
Mとして選ばれていた「政治に関心の
ある」「視野の広い」「意志強固な」「仕

事に専心的な」は1990年代には選ばれて
いない。1970年代に男女からFとして
選ばれていた「よわい」「こまかい」は
1990年代には選ばれていない。逆に，
1970年代に男性からMFとして選ばれ
ていなかった「積極的な」が1990年代に
は選ばれ，1970年代に女性からMFと
して選ばれていなかった「外向的な」
「明るい」「おしゃれな」「勝手な」が
1990年代には加わっている。

ジェンダー・ステレオタイプの100年の変化

　近年，ことばの分析にAIが用いられている。一例として，同じ文脈で用いられる単語は似た意味をもつという仮定に基づき，単語の特徴をベクトル（大きさと向きをもった量）で表現する技術がある。たとえば，「男性が王様，女性は女王である」は「男性：王様：：女性：女王」のように表記できる。このように単語同士の関係を表現することから，このような技術は「単語埋め込み（word embedding）」と呼ばれている。その先駆的なものが2013年にGoogleの研究者たちが開発したWord2vecである。しかし，Word2vecには性差別を助長する問題がある。たとえば，データベースに「父親：医者：：母親：x」と質問すると，x＝看護師と回答してくる。コンピュータが学習する材料にステレオタイプが含まれていれば，こうなるのもうなずける。

　ガーグら（Garg, Schiebinger, Jurafsky, & Zou, 2018）は，Google News Word2vec vectorsとGoogle Books/COHAを用いて，年代によって人種とジェンダーに関

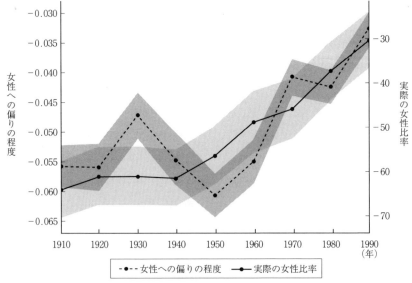

図1-7　女性の職場進出とCOHA（Corpus of Historical American English）のバイアス
出所：Garg et al.（2018）をもとに筆者（青野）作成。

するステレオタイプがどのように変わっているかを検討した。図1-7は，職業における女性の比率を，統計データとニュース記事で比較したものである。右の縦軸は職業統計における女性の相対的比率を表しており（上にいくほど女性の比率が高い），10年ごとの値をつないだ実線は右肩上がりになっている。左の縦軸はどれほど職業が女性にふさわしいかの程度（－は男性にふさわしいことを意味する）を表しており，10年ごとの値をつないだ点線は1950年代から60年代が底

になっている。これは，第2次世界大戦後は女性の家庭回帰が推奨されたことが原因だと思われる。1970年代以降はフェミニズムの影響もありバイアスが次第に弱くなっている。表1-3には年代ごとの女性に対して使われた形容詞の上位10個ずつを示している。1990年代には繊細でかわいくおとなしい女性のイメージが消失していることがわかる。一方，母性やかいがいしさなど，共同性に関することばが出現していることは注目に値する。

表1-3 COHAにおける女性と関連した形容詞（上位10個）

1910年代	1950年代	1990年代
愛らしい（charming）	繊細な（delicate）	母性的な（maternal）
穏やかな（placid）	かわいい（sweet）	不健康な（morbid）
繊細な（delicate）	愛らしい（charming）	わざとらしい（artificial）
情熱的な（passionate）	あけすけな（transparent）	身体的な（physical）
かわいい（sweet）	穏やかな（placid）	かいがいしい（caring）
夢見がちな（dreamy）	幼稚な（childish）	情緒的な（emotional）
寛大な（indulgent）	柔和な（soft）	保護的な（protective）
楽しい（playful）	個性のない（colorless）	魅力的な（attractive）
物憂げな（mellow）	風情のない（tasteless）	柔和な（soft）
感傷的な（sentiment）	従順な（agreeable）	きちんとした（tidy）

出所：Garg et al.（2018）をもとに筆者（青野）作成。

25

ここ100年ほどの間のジェンダー・ステレオタイプの変化を調べた研究がある。それは，目にはみえないことば同士の関係を数学的に表すことによって，前後の関係や類似度を可視化していく方法である。1910年代から現代までのジェンダー・ステレオタイプを分析した研究によると，それぞれの時代状況（たとえばフェミニズムの影響など）によるバイアスの増減や，それぞれの時代に特徴的なステレオタイプ表現があることがわかった（コラム1-2）。

「女子」ということばの意味を考える

　ジェンダー・ステレオタイプの調査は，通常，「女性・男性」または「女らしさ・男らしさ」というようなことばに対して人々が抱くイメージをたずねる手法をとることが多い。しかし，私たちは日常生活で，「女・男」「女の子・男の子」など様々なことばを使っている。これらのことばには「女性・男性」とは異なる意味やイメージがもたれているのではないだろうか。近年，「女子」ということばが頻繁に使われているが，「女子」は「女性」とどのように異なるのであろうか。「女子」のイメージが「女性」全体のステレオタイプに影響を与えているのではないだろうか。

　日本では2008年ごろに「女子会」ということばがマスメディア等に登場し，2010年には新語・流行語大賞を受賞した。「女子会」と前後して，「○○女」（たとえば，理系を志向する女性は「リケジョ」と呼ばれる），「○○女子」，「女子力」などの語も使われるようになった。これらは当時，伝統的に男性のものとされていた能力をもつ稀有な女性たちという意味で使われており，第2章で述べる「サブタイプ」の例だと考えられる。サブタイプは「女性」という大きなグループから締め出されてしまう傾向があるため，たとえば，リケジョが女性全体の理系能力の底上げに寄与することはなかった。

　一方，「女子力」ということばは，幅広い年齢層の女性に適用可能であり，努力すれば手に入るものとして広く使われている。デジタル大辞泉には「女性が自らの生き方を向上させる力。また，女性が自分の存在を示す力。（中略）明確な定義はなく，女性らしい態度や容姿を重んじること，女性ならではの感

覚・能力を生活や職業に生かすことなど，さまざまな解釈で用いられる」とある。大上・寺田（2016）は，日本における「女子力」および男らしさ・女らしさについての社会学・心理学両分野の研究を概観し，「女子力」ということばがどのような内容で構成されているのかを検討した。その結果，「女子力」は従来の女らしさの重要な要素である「かわいらしさ」は含まず，「気が利く」「家事ができる」「料理が上手」などの意味が強かったとのことである。また，「外見の良さ」は男性ではそれほど重視されないのに対して，女性においては「女子力」の中心とみなされているようである。

　「女子力」ということばが一般化することにより，女性のステレオタイプも変化していると思われるが，その変化は必ずしも内面や能力の向上を伴ってはいないようである。

ジェンダー・ステレオタイプの特殊性

　ジェンダー・ステレオタイプには他のステレオタイプとは異なる特殊な側面があり，それゆえ頑固で変わりにくい。その最大の特徴は，同一集団や同一社会の成員は女性と男性についての同じような情報に接しやすいことから，ジェンダー・ステレオタイプは文化的ステレオタイプとして存在していることである。そしてそのことから，ジェンダー・ステレオタイプは他のステレオタイプと比べて規範的な（「○○であるべき」「○○すべきもの」として人々を規制する）性格を有することになる。そして，外見上の男女の身体的な差異や社会的地位の差異によりジェンダー・ステレオタイプが正しいもののように錯覚されたり，男女の親密な関係を維持するために都合よく再生産されていくといった特徴もある（Fiske & Stevens, 1993）。男性優位社会の中で女性の従属的役割が自明視され，ステレオタイプとして維持されてきたのもこのためである。

　それに加えて，ジェンダー・ステレオタイプには，「真実の核」仮説が示唆するところの，ある種の経験的妥当性が存在するという特徴がある（青野，1994）。たとえば，「女は文系・男は理系」と類似の「女性は数学が苦手」というステレオタイプがあるが，日本でもアメリカでも高学年の男女の数学の成績

を比較すると，男子の平均値は女子を上回るようになる（北條，2013）。しかし
それは，女性が生まれつき数学が苦手ということではなく，ステレオタイプが
脅威となって女性の能力を阻害している可能性がある。まずステレオタイプが
存在し，それが実際となり（「予言の自己成就」），ステレオタイプがさらに強化
されるという悪循環が生じているのである（森永，2017）。これについては第4
章の「ステレオタイプ脅威」を参考にしてほしい。

　さらに女性に対するステレオタイプに特徴的なのが，本来であれば望ましい
特性なのに否定的にみられたり，望ましくない特性なのに好ましくみられたり
するといった，矛盾した評価が存在することである。たとえば，「出る杭は打
たれる」というように，仕事ができる有能な女性に対しては露骨に敵意が示さ
れ，弱さをみせるかわいい女性に対しては好意がもたれるというようなことが
ある。特に後者の「上から目線の」ステレオタイプは「温情主義的ステレオタ
イプ」とも呼ばれ，好意的感情を伴うことから，ステレオタイプをもつことに
抵抗が薄く，偏見や差別につながりやすい（研究紹介1-4）。

研究紹介
1-4

ステレオタイプの内容と感情

　ステレオタイプには，肯定的な意味合いをもつものもあれば，否定的な意味合いをもつものもある。フィスクら（Fiske, Cuddy, Glick, & Xu, 2002）によると，ステレオタイプの内容は，「温かさ（warmth）」と「有能さ（competence）」の2次元から構成される。そして，これらの次元で区分される4つの象限に，温かく能力が高い人たち，温かいが能力が低い人たち，冷たいが能力が高い人たち，冷たく能力が低い人たちがあてはめられ

る（図1-8）。

　また，このモデルによれば，私たちが集団に対して抱く感情の種類も，形成されたステレオタイプの内容によって異なる。つまり，「温かく能力が高い」のは，自分が所属する内集団や同盟国の人たちであり，これらの集団に対しては「賞賛」の感情が引き起こされる。同様に，生活困窮者や犯罪者に対しては，「冷たく能力が低い」というステレオタイプと「軽蔑」の感情がもたれることになる。

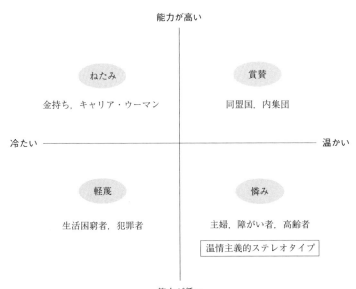

図1-8 「温かさ」×「有能さ」による4集団に対する感情
出所：野寺（2011）をもとに筆者（青野）作成。

ジェンダー・ステレオタイプに関して
いえば，キャリア・ウーマンのように，
伝統的な性別役割からはずれた女性たち
に対しては，往々にして「冷たいが能力
が高い」というステレオタイプがもたれ，
「ねたみ」の感情が引き起こされる。一
方，主婦のように，伝統的な性別役割に
従っている女性たちに対しては，「温か
いが能力が低い」というステレオタイプ
がもたれ，「憐み」の感情が引き起こさ
れる。

　ジェンダー・ステレオタイプがこのよ
うな両面的な感情を伴っていることは，
女性への偏見や差別がなかなか解消され
にくい原因の一つになっていると考えら
れる。特に，「憐み」の感情を伴うステ
レオタイプは「温情主義的ステレオタイ
プ（paternalistic stereotype）」と呼ば
れ，憐みの対象となっている女性たちは，
温かさ（女性に期待される性別役割とし
ての共同性）を十分に発揮している人た
ちであり，好意的にみられる。しかし，
それによって性別役割を肯定することに
なり，最終的にはそれは差別といえるの
である。これは「好意的性差別主義
（benevolent sexism）」として，第4章
で詳しく述べる。ちなみに，「ねたみ」
の感情を伴うステレオタイプは「敵意的
性差別主義（hostile sexism）」につなが
りやすいと考えられる。

引用文献

青野篤子（1994）．ジェンダー・ステレオタイプについての一考察　松山東雲女子大学人文学部紀要, *2*, 177-187.

青野篤子（2008）．ジェンダー概念の変遷　青野篤子・赤澤淳子・松並知子（編）　ジェンダーの心理学ハンドブック（pp. 307-321）　ナカニシヤ出版

朝日新聞（1996）．女性アナの低音化進む　3月1日付朝刊.

朝日新聞（2020）．女性になり出場　理解深まるか　4月19日付朝刊.

Bakan, D. (1966). *The duality of human existence*. Chicago: Rand McNally.

Blair, I. V., & Banaji, M. (1996). Automatic and controlled processes in stereotype priming. *Journal of Personality and Social Psychology, 70*, 1142-1163.

Broverman, J. K., Broverman, D. M., Clarkson, F. E., Rozenkrantz, P. S., & Vogel, S. R. (1970). Sex-role stereotypes and clinical judgements of mental health. *Journal of Counseling and Clinical Psychology, 34*, 1-7.

Broverman, J. K., Vogel, S. R., Broverman, D. M., Clarkson, F. E., & Rozenkrantz, P. S. (1972). Sex-role stereotypes: A current appraisal. *Journal of Social Issues, 28*, 59-78.

Butler, J. (1990). *Gender trouble: Feminism and the subversion of identity*. New York: Routledge.（バトラー, J. 竹村和子（訳）（1999）．ジェンダー・トラブル――フェミニズムとアイデンティティの攪乱　青土社）

Collins, A., & Loftus, E. (1975). A spreading activation theory of semantic processing. *Psychological Review, 82*, 407-428.

土肥伊都子（1995）．ジェンダーに関する役割評価・自己概念とジェンダー・スキーマ――母性・父性との因果分析を加えて　社会心理学研究, *11*, 84-93.

Dohi, I. (2014). *Gender personality in Japanese society*. Osaka: Union Press.

土肥伊都子・廣川空美（2004）．共同性・作動性尺度（CAS）の作成と構成概念妥当性の検討――ジェンダー・パーソナリティの肯否両側面の測定　心理学研究, *75*, 420-427.

Eagly, A. H., & Mladinic, A. (1989). Gender stereotypes and attitudes toward women and men. *Personality and Social Psychology Bulletin, 15*, 534-558.

Fausto-Sterling, A. (2012). *Sex/gender: Biology in a society*. New York: Taylor & Francis.（ファウスト-スターリング, A. 福富護・上瀬由美子・宇井美代子・立脇洋介・西山千恵子・関口元子（訳）（2016）．セックス／ジェンダー――性分化をとらえ直す　世織書房）

Fiske, S. T., Cuddy, A., Glick, P., & Xu, J. (2002). A model of (often mixed) stereotype content: Competence and warmth. *Journal of Personality and Social Psychology, 82,* 878-902.

Fiske, S. T., & Stevens, L. E. (1993). What's so special about sex? Gender stereotyping and discrimination. In S. Oskamp & M. Constanzo (Eds.), *Gender issues in contemporary society* (pp. 173-196). Newbury Park: Sage.

藤原直子 (2018). 総論：脱異性愛主義を目指して　飯田貴子・熊安喜美江・來田享子 (編著)　よくわかるスポーツとジェンダー (pp. 166-167)　ミネルヴァ書房

Garg, N., Schiebinger, L., Jurafsky, D., & Zou, J. (2018). Word embeddings quantify 100 years of gender and ethnic stereotypes. *PANS (Proceedings of the National Academy of Sciences of the United States of America), 115* (16), E3635-E3644. https://www.pnas.org/content/115/16/E3635

Hall, J. A. (1984). *Nonverbal sex differences: Accuracy of communication & expressive style.* Baltimore: Johns Hopkins University Press.

Hall, J. A., & Gunnery, S. D. (2013). Gender differences in nonverbal communication. In J. A. Hall & M. L. Knapp (Eds.), *Handbooks of communication science. Nonverbal communication* (pp. 639-669). Berlin: De Gruyter Mouton.

橋本秀雄 (2004). 男でも女でもない性・完全版――インターセックス (半陰陽) を生きる　青弓社

北條雅一 (2013). 数学学習の男女差に関する日米比較　京都大学経済研究所 (KIER) ディスカッション・ペーパー No. 1301.　https://www.kier.kyoto-u.ac.jp/DPJ/DP 1301.pdf

伊藤裕子 (1978). 性役割の評価に関する研究　教育心理学研究, *26,* 1-11.

柏木惠子 (1967). 青年期における性役割の認知　教育心理学研究, *15,* 193-202.

柏木惠子 (1972). 青年期における性役割の認知II　教育心理学研究, *20,* 48-59.

加藤秀一 (2006). 知らないと恥ずかしいジェンダー入門　朝日新聞社

川原繁人 (2015). 音とことばのふしぎな世界　岩波書店

Lippa, R. A. (1990). *Introduction to social psychology.* Belmont: Wadsworth.

Lippmann, W. (1922). *Public opinion.* New York: Harcourt, Brace & Co. (リップマン, W.　掛川トミ子 (訳) (1987). 世論 (上)　岩波書店)

Money, J., & Tucker, P. (1975). *Sexual signature: On being a man or a woman.* Boston: Little, Brown and Company. (マネー, J.・タッカー, P.　朝山新一・朝山春江・朝山耿吉 (訳) (1979). 性の署名――問い直される男と女の意味　人文書

院）

森永康子（2017）．「女性は数学が苦手」──ステレオタイプの影響について考える　心理学評論, *60*, 49-61.

野寺綾（2011）．感情とステレオタイプ化（特集 偏見とステレオタイプの心理学）　心理学ワールド, *52*, 9-12.

大上真礼・寺田悠希（2016）．「女子力」と「男らしさ・女らしさ」に違いはあるか──測定語の変遷に着目して　田園調布学園大学紀要, *11*, 169-188.

來田享子（2010）．スポーツと「性別」の境界──オリンピックにおける性カテゴリーの扱い　スポーツ社会学研究, *18*(2), 23-38.

來田享子（2018）．性別確認検査　飯田貴子・熊安喜美江・來田享子（編著）　よくわかるスポーツとジェンダー（pp. 150-151）　ミネルヴァ書房

佐倉智美（2006）．性同一性障害の社会学　現代書館

Sayans-Jiménez, P., van Harreveld, F., Dalege, J., & Tejada, A. J. R. (2019). Investigating stereotype structure with empirical network models. *European Journal of Social Psychology, 49,* 604-621.

上野千鶴子（1995）．差異の政治学　井上俊・上野千鶴子・大澤真幸・見田宗介・吉見俊也（編）ジェンダーの社会学（pp. 1-26）　岩波書店

West, C., & Zimmerman, D. H. (1987). Doing gender. *Gender & Society, 1* (2), 125-151.

Williams, J. E., & Best, D. L. (1990). *Measuring sex stereotypes: A multination study* (*Rev. ed.*). Cross-cultural research and methodology series. Vol. 6. Thousand Oaks, CA: Sage Publications.

湯川隆子・清水裕士・廣岡秀一（2007）．大学生のジェンダー特性語認知の経年変化──テキスト・マイニングによる連想反応の探索的分析から　奈良大学紀要, *36*, 131-150.

〔読者のための参考図書〕

土肥伊都子（1999）．ジェンダーに関する自己概念の研究──男性性・女性性の規定因とその機能　多賀出版
　＊筆者が，研究で実際に用いたスケールが資料として掲載されている。男性性・女性性，ジェンダー・ステレオタイプを実証的に研究したい学生に便利である。

加藤秀一（2006）．知らないと恥ずかしいジェンダー入門　朝日新聞社
　＊ジェンダーについて基本的なことを知りたい人に向けた社会学者による本。心理学

者とは異なる切り口で幅広い見方を教えてくれる。

小倉千加子（2001）．セクシュアリティの心理学　有斐閣
　＊セクシュアリティは心と身体と社会が出会い，せめぎあう場。心理学が避けて通っ
　てきた問題に丁寧に向き合い，女性とは何か，男性とは何かを考えさせてくれる。

第2章

思いこみをつくり，維持する心のしくみ

　第1章でふれたように，性別は，生物学的カテゴリーであると同時に，社会的カテゴリーでもある。そして人間は，あの人は女性（あるいは男性）だから多分こういう人なのだろうと思いこむ。そこで本章では，「男女」の思いこみ，すなわちジェンダー・ステレオタイプについて，第1節では社会化による形成を，第2節では，性別カテゴリーを用いて認知的負荷を軽減すべく形成・維持されていくことを，第3節では，自己概念を確かなものにしたい，高く評価したい，明るい見通しをもちたい，などの動機のために強化されていくことをみていく。

第1節　ジェンダー・ステレオタイプの形成

社会化による形成

　第1章で示したジェンダー・ステレオタイプの内容は，多くの人々に同意され，共有されている。そして人々は，この共有されたステレオタイプに沿うような形で，同じようなしつけや学校教育を受け，そこから日常生活での行動のルールを学び，どのような性格や態度をもつべきかを教えこまれ，果てはどんな生き方をすべきかを方向づけられる。このように，個人がその所属する社会や文化で広まっている行動様式，態度，価値などを学習することを「社会化（socialization）」といい，ジェンダーに関連する領域で行われる社会化は，「ジェンダー化（gender socialization）」という。

　一般に，社会化を推し進める人々をエージェントというが，ジェンダー化の場合も，生まれてまもなくは親，その後は，きょうだい，友だち，先輩，先生などが，エージェントとなっていく。さらにエージェントが提供するおもちゃ，教材，情報などもジェンダー化を促進する。子どもたちは，ジェンダー化されることで，「女の子」「男の子」を，様々な活動や特性と結びつけることを覚えていく。つまり，性別カテゴリーに色々なものをふり分けていくのである。こうしてピンクは女の子の色，青は男の子の色，人形で遊ぶのは女の子，乗り物のおもちゃで遊ぶのは男の子など，ジェンダーについてのステレオタイプをもつようになる。

　初期のジェンダー化に関しては，従来は男女児それぞれが育てられている家族間で比較することが一般的であったが，近年，同一家族内（within-family）での男女児に対するジェンダー化を比較する研究も増えてきた。これにより，家族が子どものジェンダー化に及ぼす影響の大きさを，より明確に理解できるようになった。たとえば，親は自分と同性の子どもとより長い時間を共に過ごし，より強くジェンダー化を推し進める（McHale, Crouter, & Whiteman, 2003）。また親は，子どもが同性同士のきょうだいの場合よりも男女のきょうだいの場

合の方が，性別しつけをする傾向が強い。同一家族内での父母間の比較に関しては，エンデンダイクら（Endendijk, Groeneveld, van Berkel, Hallers-haalboom, & Mesman, 2013）が，１歳と３歳の子どもの両親を対象に，当人たちが意識することのできない，子育てに関する潜在的ジェンダー・ステレオタイプを測定したところ，父親よりも母親の方が強いことがわかった。ただし，意識化できている顕在的ジェンダー・ステレオタイプでは，父母はちょうどその反対の傾向を示した。また，子どもの潜在的ジェンダー・ステレオタイプの強さは，子どもに関して母親がもつ潜在的ジェンダー・ステレオタイプの強さと関連していた。

ベビーＸの実験──社会的ラベルの性別に基づく社会化

　生まれて間もない頃からの，親をはじめとする周囲の大人たちによるジェンダー化は，大人にも子どもにも自覚されることなく，あまりに自然に行われる。ここで強調したいことは，大人たちは，自分たちが身につけているジェンダー・ステレオタイプに基づいて，それを子どもたちに体現させるがごとく，女の子「らしく」，男の子「らしく」させていくという点である。これを理解するために，「ベビーＸ」と呼ばれる性別を伏せた赤ちゃんについての一連の心理学実験が参考になる。この実験研究は，１人の同じ赤ちゃんに対して「女の子」あるいは「男の子」とラベルをつけ替えるだけで，大人たちはそのラベル通りの見方や働きかけ方になる事実を，以下に示すように明らかにしている。

　まず，赤ちゃんに「女の子」のラベルをつけると，実験参加者は，自分のステレオタイプに適合した行動に注目し，「やっぱり女の子はお人形が好きね」などと納得する。次に，そうした特徴をもっていると判断した「女の子」に対して，それにふさわしい働きかけ，たとえば，その「女の子」にさらに人形を与えたりする。この際，こうしたそれぞれの赤ちゃんへの判断や働きかけは，実際に存在する特徴に基づいて行われているのではなく，性別への思いこみがもとになっている。というのは，「女の子」のラベルをつけられてお人形を与えられた同じ赤ちゃんが「男の子」のラベルをつけられると，大人は「男の子

なのだから動くものが好きでしょう」と推測し，電車のおもちゃを与えたりするからである。こうして生後のごく初期から，子どもたちはジェンダーを刷りこまれつつ社会化され，ステレオタイプ通りの人間になっていく。

　上記のベビーXの実験の「ラベル」は，実験のために実際とは無関係の架空のものがつけられていたが，親が実際に自分の子と接する時にも，同様の結果がみられる。たとえば，生まれたばかりの自分の子どもが女の子である場合，体重や身長などに関係なく，男の子よりも線が細くデリケートで女らしいと両親から判断されることが報告されている（Karraker, Vogel, & Lake, 1995）。

おもちゃ，隠れたカリキュラムとジェンダー・ステレオタイプ

　ベビーXの実験からは，女の子，あるいは男の子に向いていると大人が考えるおもちゃが，自然と子どもに与えられることが予想できる。そして，どのようなおもちゃで遊ぶかによって，子どもの遊びや活動だけでなく，知的な発達やパーソナリティの発達にも影響が及ぶ。たとえば，ミニカー，プラモデル，ラジコンカーなど，男の子向きとされるおもちゃは，何らかの工夫や操作をすることが必要で，さらに物理的な世界の理解に役立つものが多い。一方，人形，ままごと，化粧道具など，女の子向きとされるおもちゃは，養育者（主に母親）のまねをするものが多く，遊ぶ時も養育者のそばに行くことが多くなり，対人関係や社会についての理解に役立つものが多い。

　ここで，親と子どもの相互作用について行われた研究の結果では，ジェンダーに一致する遊び，つまり女の子が人形遊びをしたり男の子が車で遊んだりすると，親は褒めたり一緒に遊んだりするが，ジェンダーに反する遊び，つまり男の子が人形で遊んだり女の子が車で遊んだりすると，親はその子を叱ったり無視したりするという。また実験室や日常場面での観察による研究によれば，親自身は自覚のないまま，子どもが男の子か女の子かで接し方を変えていることがわかっている。ウッドら（Wood, Desmarais, & Gugula, 2002）が，2〜6歳の男女児と親が遊ぶ際のおもちゃを調べたところ，親は男児とは男児向けとされるおもちゃで遊び，女児とは女児向け，あるいはジェンダー中立的なおも

ちゃで遊ぶ時間が長かった。女の子だから人形が好き，男の子だから機械いじりが好きなのではなく，親が選んだおもちゃで遊んでいるうちに，それらが好きになり，それが男女の得意分野やパーソナリティの差異の原因になっていることも十分考えられる。

学校現場については，女だから，男だからといったようなあからさまなジェンダー化はあまり示されていないかもしれない。しかし，「隠れたカリキュラム」として，学校においてもジェンダーについての隠れたメッセージが子どもたちに送られている。また学校は，指導的立場の先生たちが児童・生徒を教育する場である。そのため，先生たちが，女子は○○であるべき，男子は○○すべきという規範的ステレオタイプに基づくジェンダー化をすると，それが容認されやすい（第1章参照）。

以下に，いくつかの例を挙げてみよう。わかりやすいところでは，学則，校則には，個性を無視した，性別によって異なる内容のものが多くみられる。たいていの学校の制服は，いまだに女性はスカート，男性はズボンと指定されている。頭髪の長さにも男女別の基準がある。生物学的性により社会生活の多くが制約を受けるということが，当たり前のこととして子どもたちにインプットされてしまう。学校で使われる出席簿は，男女混合名簿が増えてはいるものの，男女別の場合には，そのほとんどが男子が先である。これは，男子優先，男子中心というボーイズ・ファーストのメッセージを子どもたちに送っている。

永田（2012）は，2008（平成20）年告示の小学校学習指導要領に沿った国語科教科書を，ジェンダーの視点から考察した。その結果，473教材中301教材で作者・筆者が男性であったのに対して，女性は140教材のみであった。伝記教材は10教材中7教材が男性に関してであった。物語教材170のうち，主要な登場人物が男性であるのは122教材，女性であるのは28教材であった。また，固定化した男性・女性らしさ（男性は臆病や弱虫であってはならないなど）や性別役割分業（運転手は皆，男性など），男女不平等を容認するもの（"女ながらも"などの表現や，生まれたのが娘で父ががっかりした，など）もみられた。このように，21世紀に入ってからの教科書においても，依然として男性が社会の中心であるこ

と，人生の主役は男性で，女性は脇役であることなどを刷りこまれてしまうのが現状である。

　2020年時点で教員に占める女性割合は，小学校では62.3％だが中学校では43.7％，高等学校（全日制と定時制）では32.5％と，高等教育に向かうほど，低くなっている。さらに，校長の女性割合は小学校で21.8％，中学校で7.5％，高等学校で8.4％とかなり低くなる（文部科学省，2020）。また，教科ごとに担当教員が異なる中学校や高等学校では，女性教員は国語や英語，男性教員は数学や理科などを担当することが多い。こうしたことから，リーダーになれるのは男性であるとか，専門的な教育は男性の方が向いているとか，文系の科目は女性向きで理系は男性向きなどというメッセージが子どもたちに伝わっていると思われる。

　さらに学校卒業後の自主的な学びの中でも，ジェンダー化は進行する。インターネット上のフリー百科事典であるウィキペディアは，「質においても量においても史上最高の百科事典を目指して，共同作業で創り上げるプロジェクト」（フリー百科事典『ウィキペディア（Wikipedia）』）であるが，いみじくもウィキペディアの項目「ウィキペディアにおけるジェンダーバイアス」にもある通り，2011年のウィキペディア財団による調査では編集者の91％を男性が占めていた。また，人物を紹介する記事の約8割は男性で，女性は実績があって著名な人物であっても記事が存在しないケースも多い（西日本新聞，2019）。ウィキペディアは男性の合意によってつくられており，ジェンダーバイアスが深刻である可能性が高いのである（Harris, 2014）。

子どものジェンダー・ステレオタイプの変化

　上で述べた通り，ジェンダー・ステレオタイプは，おもちゃに始まり，服装，性格特性，職業，行動など様々な分野にわたり形成されるが，それぞれの獲得時期は少しずつ異なっている。おもちゃや衣服，職業や行動などについてのステレオタイプは，だいたい3〜5歳頃急増し，小学校に入る前頃には非常に高いレベルに達するようである（Martin & Little, 1990など）。一方，性格特性に関

しては，就学前頃になって，望ましい特性を自分の性に，望ましくない特性を他の性に振り分けている。つまり，女の子にとっては，「優しくきれいなのは女の子」であり「乱暴で意地悪なのは男の子」だし，男の子にとっては「元気でたくましいのは男の子」であり「泣き虫で弱虫なのは女の子」となる。しかし，しだいに男女双方の性格特性についてのステレオタイプが増え始め，中学生くらいで成人と同じレベルに達するという（Best & Williams, 1993など）。

このように，発達とともにステレオタイプの知識は増加するが，そのステレオタイプ通りに行動したり容認したりするかどうかは，また別の話である。たとえば，子どもに「誰がたいてい……する（who usually……）？」「誰の方が……が上手（who is better……）？」と尋ねると，年長の子どもは年少の子どもよりもステレオタイプと一致する答えをするが，「誰が……できる（who can……）？」「誰が……するのがよい（who should……）？」と尋ねると，「男女両方」という回答が多いことも報告されている（Signorella, Bigler, & Liben, 1993）。こうした結果から，子どもたちは発達するにつれ，男女に期待される役割に関する規範的ステレオタイプを学習しながらも，同時に，そうした規範は絶対的なものではないことも学んでいると考えられる（Ruble & Martin, 1998）。

ところで，子どもはなぜ，大人以上にステレオタイプ的になってしまうのであろうか。この問題に関して，ベム（Bem, 1993）は次のような2つの立場があるといっている。それは，子どもの認知能力をもとに説明するコールバーグ（Kohlberg, L.）らの立場と，文化や社会の影響から説明するベムの立場である。

まず，コールバーグらの立場から考えてみよう。この立場では，子どものジェンダー化の主な要因は，子どもの認知的な発達にあるとしている。性別は身近なカテゴリーであるため，子どもに取り入れられやすいことも助けとなる。すなわち，子どもは自分から社会を理解しようとしており，その社会の中での自分の位置づけを探しているという。その時，「女か男か」は安定したもので，そのうえ簡単に見分けることができるため，子どもはジェンダーを社会の基本原則とみなし，それを用いて自分を位置づけてしまう。さらに，就学前の子どもは，自分の性別にあった行動が社会から要求されていると思っており，それ

に従った行動をとる。また，外界を理解する時に見た目に左右されるこの時期の子どもは，女（男）であるためには女（男）にみえるような行動をとらなければならないと思っているという。ワイスグラム（Weisgram, 2016）によると，3〜5歳児は，自分が高い関心をもったジェンダー中立的なおもちゃ（ペット・ロック，果物の皮むき器，イルカの入ったペーパーウェイトなど）を，自分の性に向いたおもちゃであるとステレオタイプ化することを明らかにした。いわば，子ども自身が新しくステレオタイプをつくりつつあるともいえよう。

　一方，ベムは，子どものジェンダー化には社会の要因が大きいとしている。子どもを取り巻く社会があまりにも頻繁にジェンダーによって2つに分けられているから，子どもはそれを取り入れるのだという。そして，就学前の子どもたちが，大人以上にジェンダー・ステレオタイプにとらわれているのは，性別を決めるものが何かを知らないために，服装や行動，性格特性などで女か男かを示さなければいけないと考えているからだとした。上述のワイスグラムの研究では，先ほどと同じジェンダー中立的なおもちゃに対して，あらかじめ女の子向き，男の子向きというラベルづけをしておくパターンの実験も行った。その結果，質問紙によって測定されたジェンダー・スキーマ（次節参照）が強い子どもたちに限って，自分の性にラベルづけされたおもちゃに関心をもつことが明らかになった。つまりこの実験からは，子どもの心に男女の区別やこだわりが強まることで，ますます世の中にあるステレオタイプに従っていく過程が明らかにされたのである。

初期値としての働き——子どもの頃における社会化の長期にわたる影響

　ジェンダー化によりつくられたジェンダー・ステレオタイプは，その後，ジェンダー化の直接の対象でなかったものや，他のあらゆる情報にまで適用され，あたかもコンピュータの初期値（デフォルト）のような働きをするようになる。たとえば，高校生の男女がベビーシッターをするとする。皆初めて子守りをするのであるから，自分に向いているか不向きであるか，ほとんど情報はないはずである。しかし，男性は育児が苦手，といったジェンダー・ステレオ

タイプをもっている男子高校生の場合，それがベビーシッターに対する初期値として作用する。そしてそれに引きずられて，食わず嫌いのような態度，たとえば，自分はベビーシッターには向かないはずだ，という思いこみが出てくるのである。その結果，男性の育児に対するステレオタイプも維持されることになる。

　男性も女性も，子ども時代に学習したいわばジェンダー・ステレオタイプの初期値のいたずらにより，簡単な日常生活の技術さえ身についていない大人になってしまう。その原因としては家庭の影響もあるが，学校現場においては，前述の隠れたカリキュラムも一因である。中でも，中学・高校時代の「技術・家庭」が大きいと筆者は考えている。この科目は，戦後一時期は男女共修であったが，1950年代の終わりには「技術・家庭科」となり，男子向き，女子向きに分けられた学習内容となった。国連の女性差別撤廃条約を受けてこれが変更され，家庭科の男女共修が実施されたのは，中学校では1993年，高等学校では1994年からである。中高生にとって，科目名は同じであるものの，内容は男女でまったく異なる「技術・家庭」を学習していたことは，男女中高生が異なる内容のことを習ったということ以上の意味がある。別修時代の中高生たちは，「男のぼくは，料理や裁縫など知らなくてもいいのだ」「女の私は，電気や機械のことは知らなくてもいいのだ」「男か女かによって，知るべきことと知らなくてもよいことが違うのだ」という認識を習得してしまったのである。これが，あきれるほど簡単なこともできない，不器用な大人をつくってきたように思われる。先述の通り，現在の家庭科は男女共修になったが，いまだにすっかり男女同様の授業に入れ替わったわけではない。さらに，現在の社会においては，男女別修の家庭科教育を受けた中高年男女が，依然として幅を利かせているのである。

第2節　性別カテゴリーに惑わされて

サンプリング・エラー

　ジェンダー化によりひとたびジェンダー・ステレオタイプが形成されると，性別のカテゴリーを用いてあらゆる情報処理を行うようになる。その際，人間にはあまり深く考えずに情報処理を行う，いわば「認知的節約家」のごとき特徴がみられる。そのことがさらに，ジェンダー・ステレオタイプを形成・維持することにつながっていくのである。その心のしくみは，以下の通りである。

　私たちは，ある社会的カテゴリーに入っている人たちの特色を把握する際，社会調査のランダム・サンプリングで一部のものから全体像を正しく把握するようにサンプル（標本）を選ぶことはない。つまり，厳密に代表性が保証されるわけではない，たまたま自分が見聞きした事例，エピソードをサンプルとして，「正しいと信じて」理解してしまうのである。これがサンプリング・エラーである（Rothbart, 1981）。たとえば日本人が1週間ほど外国へ旅行したとする。そして，たまたま自分の乗ったバスの運転手が女性であった場合，その経験だけから，その旅行者は，「外国ではバスの運転は女性の仕事である」とサンプリング・エラーをする。これが帰国後に周囲の人たちに吹聴され広まると，聞いた人たちも，その人の発言だけを信じてそういうものかと思いこむ。こうした人々の経験が積み重なってステレオタイプとなっていく。

　いったんステレオタイプが形成されると，それは「やっぱりそうか効果（knew-it-all-along effect）」（Fischhoff, 1977）によって維持・強化される。つまり，「外国では女性がバスの運転をするものだ」というジェンダー・ステレオタイプがつくられ共有されると，たとえ現実にはその国のバスの運転手は男性の方が多かったとしても，多くの人たちは女性のバスの運転手にばかり注意を向けて認識し，「やっぱりそうか」と思うのである。

誤った関連づけ

　ジェンダー・ステレオタイプは，ある性別カテゴリーに属する人たちに対して特定の特性群を結びつけることによって形成されるが，この際に「誤った関連づけ（illusory correlation）」と呼ばれる心のメカニズムが作用する。前述のようなサンプリング・エラーに加えて，さらに特に目立った事例がサンプルとして選ばれやすくなり，そのサンプルに基づいてステレオタイプが形成されるのである。というのは，数の多い「地」に対して，数が少ないものは「図」として目立つので，少数派集団（人数が少ない集団）と目立つ行動との関連づけが起こりやすいからである。たとえば，女性ドライバーが相対的に少ない高速道路で，女性が法定速度以下の遅いスピードで走行（低速走行）していたとしよう。もし仮に男女とも低速走行する割合は同じであっても，「女性」と「低速走行」という目立った情報同士が結びつき，「女性のドライバーは運転スピードが遅い」というステレオタイプが形成されやすくなる（研究紹介 2 - 1 ）。

　ところで日本企業の総合職の男女比は，2020年現在，男性が79.8％，女性が20.2％である（厚生労働省，2020）。もし仮に男女に関わらず昇進意欲の低い総合職の人数が全体の 1 割である場合，女性はそもそもの総合職の人数が少なく目立つうえ，さらに昇進意欲が低い総合職の人数も少なく目立つので，それらが結びつき，女性総合職は昇進意欲が低いというステレオタイプが生まれやすくなる。

サブタイプ化

　フィスクとスティーブンス（Fiske & Stevens, 1993）は，ジェンダー・ステレオタイプが他のステレオタイプとは異なる点として，ステレオタイプ維持に作用するサブタイプ化（Fiske & Taylor, 1991）が生じやすいことを指摘した。人は，たとえステレオタイプに合わない事実があったとしても，ステレオタイプの内容を修正せず，例外的なケースとみなす。そして，それらの例外を入れるためのサブ・カテゴリー（サブタイプ）をつくるので，もとのカテゴリーについてのステレオタイプは維持される。これがサブタイプ化である。たとえば，

研究紹介
2-1

関連づけの強さで，ジェンダー・ステレオタイプを測定

マッコーリーとスティット（McCauley & Stitt, 1978）は，個人のステレオタイプの強さを全か無かの判断で示すのではなく，ある集団の中である特性を有する人は，それ以外の人々に比べ，どのくらいある特性を有する確率（Probability；P）が高いと判断するかによって示すことを提案した。これが，図2-1のAからDに数値をあてはめ，右横の式によって算出される，診断比（Likelihood Ratio；LR）である。ここで，LR ＝ 1.0は，ステレオタイプのない状態を表し，これより値が大きくなるほど，ステレオタイプ的な判断であることを示す。本文の例で考えると，集団成員性は「女性であること」，問題とする特性は「低速走行する

こと」となる。女性でない人たち全体の中での低速走行者の割合と，女性全体の中での低速走行者の割合に，大きく違いがあればあるほど，「女性の運転スピードは遅い」というジェンダー・ステレオタイプが強いことになる。

　この指標は，誤った関連づけの度合いの大きさを直接的に数値化したものであるが，このように，目立つもの（女性であること）とまれにしか起こらない出来事（低速走行すること）の結びつきによって，診断比は1.0より大きく見積もられる。たとえば，よくあるステレオタイプとして，「少数民族には犯罪者が多い」といったものがあるが，これも誤った関連づけによるものと解釈できる。

特性（低速走行すること）

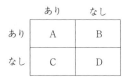

図2-1　集団成員性と特性との関連を表す図

出所：唐沢（1998）をもとに筆者（土肥）作成。

女性医師は少数派であるが，彼女らの日常の行動や特性が女性のステレオタイプに合致しないと，女性というカテゴリーのもとに，医師である特殊な女性，というサブタイプをつくる。それによって，自分がもつジェンダー・ステレオタイプは維持され，自分が出会った女性医師が，「例外的な女性」として片づけられてしまう。

　ジェンダー・ステレオタイプにおけるサブタイプ化の問題は，1970年代以降，指摘されてきた（Clifton, McGrath, & Wick, 1976; Hewstone, Hopkins, & Routh, 1992 など）。とくに仕事をもつ女性に対しては，その職種に応じたサブタイプ化が発達している（Deaux & Lewis, 1984）。また，理系科目分野の得意な女性のことは「リケジョ」などと呼ばれているが，これは，女性は数学や物理などの理系科目が得意ではないというステレオタイプが強いことの表れであり，そのステレオタイプに合わない女性をサブタイプ化するための言い方なのである。

　サブタイプ化しないためには，既存のカテゴリーを構成する人々の多様性を増やし，それに伴うステレオタイプ化を弱めさせるのがよいかもしれない。たとえば厚生労働省（2019）による「国民生活基礎調査」では，同居の主な介護者の35.0％は男性である。同居家族を介護する男性が増えたことで，「介護者といえば女性」というステレオタイプが弱まったように思える。ただし，「介護者」カテゴリーに対するステレオタイプを確実に弱めるためには，もっと多くの男性が含まれていることが必要である。さもなければサブタイプ化に逆戻りしてしまい，元通りの「介護者といえば女性」というステレオタイプの中での例外的な男性，という認識をもたれてしまうからである。

同化と対比

　一般に，人に対してカテゴリー化が行われると，同じカテゴリーに属するもの同士は，実際以上に似ているように錯覚される。これが「同化効果（assimilation effect）」である。反対に，異なるカテゴリーに属するもの同士は，実際以上に差異が大きいように錯覚される。これが「対比効果（contrast effect）」である（Tajfel & Wilks, 1963）。これらが性別に及ぶと，女性と男性と

いう2つのカテゴリーにより，女性あるいは男性集団内での同質性と，男女集団間での異質性が過大視されることになる。つまり，男女の性別間の相違点ばかりが注目され，男女の性別を超えての類似点は無視されがちになる。また，同性集団内の個人差にはあまり注意が向かなくなる。こうしてジェンダー・ステレオタイプが明確化する。

　保育現場でも，幼児の頃から慣習として男女の違いをつけ，性別カテゴリーによる同化効果と対比効果を促進していることが多い。例を挙げると，「ちゃん」づけと「くん」づけの使い分け，男女別の園服や持ち物，プレゼントなどの色や形の指定，ロッカー・タオルかけ・靴箱の割りあてなど，男女の区別は枚挙にいとまがない。このようにして，保育者が幼児へ接する際に，男女児の間で区別をつける傾向が高まってしまうと考えられる。しかも保育者たちは，それらの区別は教育上必要なものだとはほとんど考えていない（池田ほか，2000）。

男女のカテゴリーに基づいた役割スキーマ──ジェンダー・スキーマ

　第1章で示した通り，ジェンダー・ステレオタイプは，社会や国，年齢を超えて，ある程度人々に共有された，男女に対する思いこみである。それと同時に，自己においては認知の枠組みとして働く。つまり，人間の心は，インプットされた情報を入力し，計算や検索などの様々な処理をされてアウトプットされるというコンピュータのしくみと共通した点をもつのであるが，さらに人間の場合は，外界に注意し，記憶し，判断し，推論し，記憶を再生するというひと続きの思考過程において，それを方向づける知識，あるいは枠組みからの影響を受けるのである。これが，「スキーマ（schema）」と呼ばれるものである。

　その中で，人間関係に関しての社会的スキーマには，特定の他者理解に役立つ「パーソン・スキーマ」，自分自身についての見方や自己概念である「自己スキーマ」，社会生活を送るうえでのお決まりの行動の流れについての知識をまとめた「事象スキーマ」，個々の役割を担う人たちに対しての「役割スキーマ」があるとされている。そして，男女のカテゴリーに基づいた役割スキーマ

の一つが，「ジェンダー・スキーマ」である。ジェンダー・スキーマは，男女の特徴を見分けるための認知の枠組みとして働く。そのため，ジェンダー・スキーマが強いと，その人のジェンダー・ステレオタイプは強固なものになると考えられる。

　またジェンダー・スキーマは，自己概念の側面に対しては，「心理的両性具有（psychological androgyny）」，すなわち「アンドロジニー」傾向の個人差にも影響すると考えられている。ここで，心理的両性具有とは，性別に関わらず，一般的に女性的とされる性格特性と，男性的とされる性格特性を兼ね備えた自己概念の状態のことである。そして，ジェンダー・スキーマが強いと，男性は自分が男性であること，女性は自分が女性であることを強く意識し，性格特性も男女で異なっていて当然，男性的（女性的）であるためには女性的（男性的）であってはならない，と考えるようになる。そのため，男性は男性的性格特性だけ，女性は女性的性格特性だけしか自分に取りこめなくなり，アンドロジニーの状態から遠ざかってしまうのである（Bem, 1981）。

　ちなみに，マーカスら（Markus, Crane, Bernstein, & Siladi, 1982）は，ジェンダーに関するスキーマは，ベムのいうジェンダー・スキーマ1種ではなく，女性的スキーマ，男性的スキーマの2種からなると考えた。女性的（共同性）スキーマと男性的（作動性）スキーマの存在を実証した研究が，研究紹介2-2に示されている。

第3節　自己とジェンダー・ステレオタイプ

社会的アイデンティティと自己カテゴリー化

　心理学においてアイデンティティといえば，エリクソン（Erikson, E. H.）の「エゴ・アイデンティティ」を思い浮かべる人が多いかもしれない。エゴ・アイデンティティは「自我同一性」と訳され，自分は何者であるかに対する答えであるとか，これこそが自分といえるものであるとか，自分らしさであるとか，自己定義などを意味する。自己概念は，文字通り，自分自身が大雑把に把握し

研究紹介
2-2

Rep テストで「人をみる目」について知る

ある3人を1対2に仲間分けするとしたら，あなたはどのような基準を使うだろうか。たとえば，自分よりも年上かどうか，独身か既婚者か，そして男性か女性か，などが考えられる。こうした基準を用いて，その人が他者をどうみているかを知るテストに，The Role Construct Repertory Test（Rep Test）（Kelly, 1955）がある。スキトカとマスラック（Skitka & Maslach, 1996）は，この Rep Test を大学生388名（男性205名，女性183名）に対して行った。まず，調査対象となった大学生たちは，「母」「父」「兄弟」「姉妹」「好きな先生」「きらいな先生」「親友」「上司」など15のカテゴリーのそれぞれに，1人ずつ具体的な人物をあてはめる。そして，それらの15人を3人1組

にして，その3人を1人と2人に分ける。その時，大学生たちは何を基準にして分けたかを回答する。その後，2人の評定者が，大学生のすべての回答を13の分類基準に整理した。その分類基準の中には，「性別」「成熟性」などがあった（図2-2）。

では，大学生たちは，それら13の分類基準の中で，どれを最も頻繁に用いたのであろうか。言い換えれば，どういったスキーマを使って人を理解しがちなのであろうか。結果は，図2-2から明らかなように「作動性」と「共同性」が圧倒的な頻度を示した。これらは本章第1節でふれたとおり，男性的，女性的ステレオタイプであり，それらが人をみる基準としても重要であることがわかったのである。

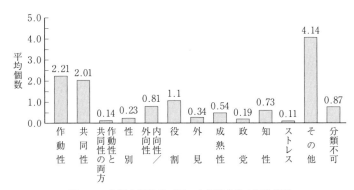

図2-2　各調査対象者が用いた分類基準の平均個数

出所：Skitka & Maslach（1996）.

ている自分の中身であるが，アイデンティティはその自己概念の中でも特に核心的な部分のことであるとみなせるであろう。そしてそれは，自己が社会の中でどのような位置を占めるか，どのような役割を担えるかということを考えて確立していくものでもある。

それに対して社会心理学では，アイデンティティを「個人的アイデンティティ（personal identity）」と「社会的アイデンティティ（social identity）」に分けて考える。個人的アイデンティティは，「私は○○が好きだ」「私は○○が得意だ」「将来は○○になりたい」などのように，自分自身で主観的に自己定義できるもの（自分の性格や価値観，志向，能力の把握など）である。したがって，エリクソンのエゴ・アイデンティティに近い。それに対して社会的アイデンティティは，「私は○○大学の学生である」とか「私は○○会社の社員である」などのように，自己の所属集団の一員であること，ある社会的カテゴリーに属することによって定義づけされるものである。

さらにこの社会的アイデンティティに関しては，自分をどのような社会的カテゴリーに属するものと考えるかは，固定したものではなく，状況によって主観的に変化させるものとみなされている。これが「自己カテゴリー化（self-categorization）」である（Turner, 1987）。たとえば，自分と同じ大学の学生がオリンピックで金メダルを獲得した時は，その人の社会的カテゴリーは「○○大学の学生」になりやすいであろう。たとえその学生が他学科であろうと，自分と同じ大学の学生が金メダルをとったということで栄光浴に浸れるからである。ところが，同じ大学の他学科の学生が凶悪な犯罪を犯した時は，その人の社会的カテゴリーは，「○○学科の学生」となりやすいであろう。自分と同じ大学の学生が凶悪犯であるとは考えたくないので，他学科の学生であることを理由に，自分とは関係ないとみなせるからである。

このように，社会的アイデンティティのために自己を所属集団，すなわちある社会的カテゴリーにあてはめる時に，それぞれの人は，内集団の特性を自分なりに頭の中で要領よくまとめておく必要がある。その際，集団についてのステレオタイプがあると，社会的アイデンティティが明確になりやすい。「私は

女性（男性）である」「女性（男性）として生きている」などの性別カテゴリーに基づいた社会的アイデンティティを確立する時にも，自分は女性，あるいは男性という集団に所属しているものとして捉えることになるため，女性集団・男性集団のステレオタイプが重宝されるのである。そして，自分を女性（男性）という集団の一員として自己カテゴリー化する際には，その集団に一般的とされる特徴（ステレオタイプ）を，自分ももっていると強く認識するようになる。この時，外集団メンバーとの差異については大きく見積もられる対比効果（本章第2節）が促進されることになる。

身びいきの心理──内集団ひいき

　自己を意識して，自己の所属する内集団と，所属しない外集団の区別ができると，以下のような自己高揚動機により，「内集団ひいき（in-group favoritism）」という現象が生じることになる。

　社会的アイデンティティ確立のために自己を集団の一員としてカテゴリー化する際，個人は多かれ少なかれ，自分を評価すべき値打ちのある人間だと思いたい。この気持ちは「自己高揚動機（self-enhancing）」と呼ばれる。これは「自分かわいさ」の表れの一つであり，この動機（欲求）を満足させるために，人は外集団と比較して，内集団をひいき目にみて，「自分の所属する集団は，他と比べて断然優れている」と評価する傾向がある。これを内集団ひいきという。内集団をひいきすることによって，内集団が本当に優れているかどうかはともかく，「私は優れた○○集団の一員である」という社会的アイデンティティを得ることができる。こうして，自己高揚動機を満足させることにつながるのである。たとえば職場の上司が，彼と同じ○○大学出身者に対してひいき目に勤務評定したとしよう。その理由の一つは，○○大学出身者である上司が，自分自身を値打ちのある人間だとみなしたいからであろう。つまり，内集団ひいきにより，自分の所属する集団のカテゴリーには多くの優れた特性があると思いこむ。

　内集団ひいきは，集団間に地位や勢力の格差があった場合，高地位にある集

団の方が低地位にある集団よりもこの傾向が強く，肯定的な社会的アイデンティティをもつ（Mullen, Brown, & Smith, 1992）ことが知られている。ここで，男女の集団を考えた場合，現在の我が国の職場や学校などにおいては，男女は決して平等とはいえず，女性の地位は低い。これは，世界経済フォーラムのジェンダー平等度ランキングをみても明らかで，先進国の中でも日本は特に政治・経済などの分野で，際立ってジェンダー不平等な国と位置づけられている。つまり社会的地位が高いのは男性であり，内集団ひいきをする傾向も女性より男性の方が高いことが予想できる。佐々木（2020）は，内集団ひいきは，勢力感が上昇することで自己高揚動機がさらに高まった時に生じやすいと考え，経営学修士課程に在籍する大学生に対して，場面想定法の実験を行った。その結果，男性のみで内集団ひいきが生じ，女性では生じないことが明らかになった。これについて，男性たちが内集団ひいきをして権力者としてふるまったとしても，それはいわばある種の「家長」として，所属集団に多くの利益をもたらすこととみなされるのではないかと考察された。これに対して，女性にとっては権力者としてのふるまいは女性性とは非整合であるため，女性は，自身の優勢な立場を利用して集団成員を厚遇するというようなふるまいを忌避した結果ではないかと考察された。

　しかし，低地位集団の成員は，内集団ひいきができないまま，ネガティブな社会的アイデンティティに甘んじるわけではない。1960年代に黒人が「ブラック・イズ・ビューティフル」というスローガンのもとで新しい価値観を提示した（松崎・本間，2005）ように，低地位集団の成員は，地位格差を決定した比較次元とは異なる中立次元での比較によって内集団ひいきをし，ポジティブな社会的アイデンティティをつくり出す方略に出る（Reichl, 1997）のである。フェミニズムにおいては，女性には子を産み母乳を与えるという重要な役割があるとして，母性保護を主張する立場がある。この「産む性」「母性」の主張は，一方で女性を母役割に縛りつけるものとして批判されることもあるのだが，男女の地位を決定する既存の次元とは別の比較次元をもちこんだものといえよう。

　もう一つ，男性の内集団ひいきが強いのに比べて，女性の内集団ひいきが弱

い理由として，女性集団は様々な種類に分かれていることがあるかもしれない。女性は人生の選択肢が多いという言い方もできるが，その選択は必ずしも本人の実力などのように主体的なものではなく，社会環境や家族の事情や運などによって決まってしまうことも少なくない。たとえば，家計のために働く女性と自己実現のために働く女性，子どもを産んだ女性と産まなかった女性，子育て環境に恵まれた女性と恵まれなかった女性，という具合である。これが，妬みなどを伴う対立的な感情も生み，男性に比べ集団の結束が弱いと考えることもできるだろう。

外集団メンバーからの脅威があると，内集団の相対的優位性を得たくなるために，内集団ひいきが起こる（横田・結城, 2009）。また，内集団が優れているという評価を高めるための作戦としては，内集団ひいきの他にも，外集団に低い評価を与える方法も考えられる。これが外集団への偏見になり，そして偏見に行動が伴うと，外集団差別になる。たとえば女性差別の激しい職場においては，男性たちが女性の不出来を挙げへつらうことによって，男性である自分たちを優れた人間であるとみなしていることなどが考えられる。

ボッソンとミッチニーヴィックス（Bosson & Michniewicz, 2013）は，男性であるというアイデンティティを強くもつ男性は，男らしさが脅威にさらされた時，男性の内集団のアイデンティティから女らしさを排除しようとすることを明らかにした。こうしてステレオタイプも維持されていくのである。

ポジティブ幻想と防衛帰属

ポジティブ幻想（Taylor & Brown, 1988）とは，自分のことを実際以上にポジティブに評価したり，自分の将来を楽観的に考えたり，自分は世の中の出来事をコントロールできると考えたりする，認知の歪みのことである。なぜ「幻想」なのかといえば，ネガティブな出来事（癌にかかったり，離婚したり，交通事故に遭ったり）が自分に生じるかどうかを平均的な人と比べて予想させると，大多数の人は，自分にはそうしたネガティブな出来事は他の人よりも生じにくく，逆にポジティブな出来事は自分に起こりやすいと考えるからである。これ

は論理的に矛盾しており，それゆえ「幻想」なのである。

外山・桜井（2001）は，男女360名（うち，女子が287名）の大学生ならびに専門学校生に対して，たとえば「同じ大学に通う一般的（平均的）な同性の大学生（または専門学校生）に比べて，あなたは就職がうまくいくと思いますか」などの質問に7段階で評定を求めた。その結果，「仕事を解雇されない（リストラされない）」「就職がうまくいく」「幸せな結婚生活をおくる」「離婚しない」など，将来の生活に関する項目のほとんどで，ポジティブ幻想が確認された。

こうしたポジティブ幻想の例として，結婚や出産をしても，自分は仕事を続けられるだろう，夫がサポートしてくれるだろう，という甘い予想を女性がもってしまうことがある。ところが結婚すると，現実には仕事を続けながらの家事・育児はあまりにも重労働で睡眠時間も十分にとれず，しかも夫はといえば，育児は妻の仕事といわんばかりに非協力的で，育児休業も取得してくれず，結局妻の方が仕事を辞めざるをえないことも少なくない。そのため多くの女性たちは，現実の生活に「適応」すべく，フルタイムの仕事を辞め，子育て後に低賃金のパートに再就職する。しかし，多くの女性がこういう選択をすることで，「女性は結婚や出産で退職してしまうからあてにならない」「女性にふさわしい仕事はパート労働である」といったステレオタイプが強化されることになってしまうのである。ポジティブ幻想をもつことなく厳しい現実を知っておくことで，こうした現実を変えることができるかもしれない。

さらに，「性差別のある状況でも，自分だけは上手くやっていける」などと考えるような，「コントロール幻想（illusion of control）」（Langer, 1975）にも陥る。男女の権力の不平等や男女差別の現状を正しく認知し，それを変えようとする人が大勢にならない限り，この幻想もジェンダー・ステレオタイプを温存させることにつながる。

次に，ある女性が職場でマタニティ・ハラスメント（マタハラ）に遭っているのを目撃したとしよう。マタハラは，「女性は子育てに専念すべきだ」といったジェンダー・ステレオタイプによる部分も大きいと考えられる。しかし，マタハラに遭っている女性と同性であるという点で運命共同体である別の女性

が，マタハラの原因をどのようなことに求めるかといえば，実はマタハラに遭っている女性自身の能力や努力に帰属してしまう傾向がみられるのである。これが防衛帰属である。ジェンダー・ステレオタイプという社会全体からくる女性差別を否定することで，次は自分にもそのジェンダー・ステレオタイプが向けられ，不幸がふりかかる，という可能性を否定できるのである。そしてマタハラを受ける個人の資質に原因を求める防衛帰属をすることで，女性が不利を受ける社会環境はなかなか変わっていかず，結局，ステレオタイプも維持されてしまう。

アンコンシャス・バイアス

　我々は，統制的，意識的，顕在的情報処理だけでなく，自動的，無意識的，潜在的情報処理も行っている。ジェンダーに関しても無意識のステレオタイプ的判断があることが指摘されてきた。これは，アンコンシャス・バイアス（unconscious bias）（第6章参照），つまり無意識の偏見を生むことにもなる。クヴァンセックら（Cvencek, Meltzoff, & Greenwald, 2011）は，子ども用のIAT（Implicit Association Test；潜在連合テスト）を6歳から10歳までの児童に受けさせ，数学を男性的学問とみなす潜在的ステレオタイプを測定した。その結果，顕在的なステレオタイプよりも早い時期に，アンコンシャス・バイアスが現れることが明らかになった（研究紹介2-3）。

　なお，本章第1節で，ベビーＸ実験のラベリングが，赤ちゃんに対する社会化に使われていることを紹介したが，これもアンコンシャス・バイアスの一例である（第6章第2節も参照）。親は自分でも意識することなく，赤ちゃんの性別に基づいた見え方，応答の仕方，働きかけ方をしているのである。他にも，オーケストラの団員の選考において，審査員と演奏家の間にカーテンをひき演奏家の性別のラベルをはずすと，女性団員が多く採用されることが明らかにされた（Goldin & Rouse, 2000）が，これもアンコンシャス・バイアスにより，長年女性演奏家が偏見をもたれてきたことを示す事例といえる。

　アンコンシャス・バイアスは，自らに対する否定的なステレオタイプを受け

潜在的ステレオタイプの測定——数学は男性向きのもの？

　ステレオタイプは，本人が無自覚，無意識のうちにも存在しており，これが潜在的ステレオタイプである。近年，見聞きすることが増えてきたアンコンシャス・バイアス（本章第3節参照）も，否定的な潜在的ステレオタイプを意味している。

　クヴァンセックら（Cvencek et al., 2011）は，子ども用のIATを用いて，6歳から10歳までの児童に対する潜在的ステレオタイプを測定した。IATは，個人内にある多様な概念同士はネットワークで結ばれて（連合して）いる（第1章参照）ことを前提にし，それら複数の概念についての判断課題を与えた場合の反応時間を測定することで，ネットワークの

様相を推測し，どのような潜在的態度（ステレオタイプを含む）があるかを明らかにするものである（Greenwald, McGhee, & Schwartz, 1998）。

　この実験で用いた概念は，男女の人名（David, Emily など），数学に関連した単語（数字，グラフなど），読書に関連した単語（本，物語など）であった。子どもたちは，たとえば，音声で"数字"という語を聞き，それがモニター画面の左右に提示された対の左右どちらに属するものかを判断した（図2-3）。その対になった概念はステレオタイプに一致する場合（たとえば，男の子と算数など）と，一致しない場合（たとえば，男の子と読書など）があり，一致しない場合に

A　ステレオタイプに一致する場合

B　ステレオタイプに一致しない場合

図2-3　子ども用のIATの実験の様子

出所：Cvencek et al.（2011）をもとに筆者（土肥）作成。

反応時間が長く，一致する場合に短くなると，数学は男の子向き，というステレオタイプが強いことの表れであるとみなす。また，数学と自己との関連性についての潜在的態度も測定した。さらに，数学に関する顕在的ステレオタイプも測定した。

　その結果，すでに小学校1，2年生において，数学を男子向きとする潜在的ステレオタイプが男女児双方に存在し，また，女児においては，数学を自分と関係がないものと考える潜在的態度があるこ

ともわかった。しかも，潜在的なステレオタイプや態度は，顕在的なそれらに先立って生じていた。こうした学習の初期段階からの潜在的ステレオタイプは，後々の数学の成績にも影響することが十分考えられる。

　しかし，これは裏を返せば，数学は女子には不向きだとするステレオタイプを意識させない社会状況をつくることで，成績などに反映されないようにすることができる（Rabinowitz & Martin, 2001）ことも示唆している。

入れ，自尊心を低く維持することにもつながる。人は，自己概念を安定したものとして形成・維持したいと考え，自身がすでにもっている自己概念を確認しようとする動機をもつ。これを「自己確証（self-verification）動機」（Swann, 1987）という。自己概念のうち，社会的アイデンティティの側面について確証しようとすると，自分の属する社会的カテゴリーに関するステレオタイプの認識も高くなる。そして，それが肯定的なものかどうかにかかわらず，それが自分の姿であるというように思いこむようになる。これが「自己確証バイアス」である。否定的な自己評価を確証したいと考える人にとっては，たとえよい評価を他者から与えられても，それは自己評価とは異なり自己確証を脅かすものとなるため，受け入れを拒否しがちとなる。そして，自己が所属するカテゴリーに対する否定的ステレオタイプさえも，それを自己確証のために維持させてしまうことになる。

リバウンド効果

　現代社会では，偏見や差別を厳しく制しなければならないという認識は，少なくとも建前的には一般化してきた。そのため，偏見や差別を生み出すことにもなるステレオタイプに対しても，それに基づいて考えることがないようにと，自制しようとすることも増えているかもしれない。ところが，ステレオタイプを抑制しようとすればするほど，かえってステレオタイプ的判断が生じやすくなるという逆説的なリバウンド効果（rebound effect）があることが知られている（Macrae, Bodenhausen, Milne, & Jetten, 1994）。これは，「シロクマ実験」（Wegner, Schneider, Carter, & White, 1987）と呼ばれる実験で確認された。シロクマのことを考えないように指示されると，かえってシロクマのことが頭に浮かんでしまうのである。

　昨今，多くの女性が社会進出を果たすようになったが，男性は，本来自分たちが優位であるはずの仕事の場にいるキャリア女性に対しては，競争意識を感じているようである。それは，男性による女性へのバックラッシュなどの社会現象にも表れている。田戸岡・石井・村田（2015）の実験では，男性が自己評

研究紹介
2-4

子どもたちにとって，科学者は男性？それとも女性？

　ミラーら（Miller, Nolla, Eagly, & Uttal, 2018）は米国の幼稚園から高校卒業までの子どもたちが思いこんでいる，「科学者は男性である」とするステレオタイプに関して，50年間の78の研究論文をメタ分析した。15のデータベースや検索サイト（PsycINFO, ERIC, Pro-Quest, Google Scholar など）において，「科学者の絵を描いてください（draw a scientist; draw-a-scientist）」という語で検索しヒットした論文（未公刊論文を含む）を分析対象とした。そして，これらの研究で子どもたちに描かれた科学者の人数を男女別にカウントした。男性科学者の絵の割合が，データ収集年と対象者の年齢によりどう異なるか，対象者の男女別に算出した結果は，図2-4の通りとなった。男子対象者（$N = 5,941$）

の大半は，年齢やデータ収集年による違いはあまりなく，男性科学者を描いた。他方，女子対象者（$N = 6,730$）では，データ収集年が新しいほど男性科学者を描く割合が顕著に低いことがわかった。ただし，6歳から8歳ぐらいまでは男性科学者より女性科学者を描く方が多いものの，年齢が高いほど男性科学者を描く傾向がみられた。

　本研究は，同一時期に生まれた集団ごとの経時的変化を明らかできるコホート分析を行ったわけではない。したがって，男女どちらの科学者を描くのかは，対象者の年齢によって決定されるのか，あるいは時代によって決定されるのか，明確な答えを出すことはできない。そして現在でも，年齢が上がり，学校などで科学に関わる機会が増すことによって，科学

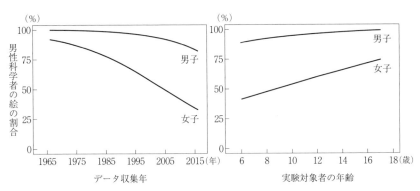

図2-4　男性科学者の絵を描いた割合

出所：Miller et al.（2018）.

者と男性が結びつけられるジェンダー・ステレオタイプは，頑固に存在し続けているようにもみえる。しかしながら，時代が進むにつれ，主に女子において，科学は男性のものというジェンダー・ステレオタイプが弱まりつつあることが示唆されたともいえるであろう。

価を低くせざるをえない、キャリア女性に競争意識や嫉妬を感じるような状況において、「キャリア女性は冷たい」などといった人柄のステレオタイプをもたないよう強制されると、かえってリバウンド効果が起こり、キャリア女性をより冷たいと考えるようになることがわかった。

山本・岡 (2016) の研究では、人物を形容する言葉を用いて、「女性は」から始まる文を6つ作成させた。その際、ステレオタイプ抑制条件の人には、「女性にあてはまることは書かないでください」という教示を行った。この実験操作によって「力強い」「理性的」「信用できる」「地味」など、女性的ステレオタイプと反対の特性が多く含まれる文が作成され、ステレオタイプが抑制されたことが確認された。続く実験の結果、認知的複雑性 (Bieri, 1955) が低い人、すなわち、対人認知において他者を多次元的に捉えることが難しい人は、ステレオタイプを抑制することにより、語彙判断課題で女性的ステレオタイプ関連語の「おしゃれな」「おしゃべりな」「やさしい」をみて、意味がある語であると回答するまでの時間が短く、ステレオタイプに対するアクセス可能性が高まりやすいことがわかった。すなわち、より強くリバウンド効果が認められた。

引用文献

Bem, S. L. (1981). Gender schema theory: A cognitive account of sex typing. *Psychological Review, 88,* 354-364.

Bem, S. L. (1993). *The lenses of gender: Transforming the debate on sexual inequality.* New Haven, CT: Yale University Press. (ベム, S. L. 福富護 (訳) (1999). ジェンダーのレンズ 川島書店)

Best, D. L., & Williams, J. E. (1993). A cross-cultural viewpoint. In A. E. Beall & R. J. Sternberg (Eds.), *The psychology of gender* (pp. 215-248). New York: Guilford.

Bieri, J. (1955). Cognitive complexity-simplicity and predictive behavior. *Journal of Abnormal and Social Psychology, 51,* 263-268.

Blair, I. V., & Banaji, M. (1996). Automatic and controlled processes in stereotype priming. *Journal of Personality and Social Psychology, 70,* 1142-1163.

Bosson, J. K., & Michniewicz, K. S. (2013). Gender dichotomization at the level of ingroup identity: What it is, and why men use it more than women. *Journal of Personality and Social Psychology, 105,* 425-442.

Brehm, J. W. (1966). *A theory of psychological reactance.* New York: Academic Press.

Clifton, A. K., McGrath, D., & Wick, B. (1976). Stereotypes of woman: A single category? *Sex Roles, 2,* 135-148.

Crouter, A. C., Helms-Erikson, H. H., Updegraff, K., & McHale, S. M. (1999). Conditions underlying parents' knowledge about children's daily lives in middle childhood: Between- and within-family comparisons. *Child Development, 70,* 246-259.

Cvencek, D., Meltzoff, A. N., & Greenwald, A. G. (2011). Math-gender stereotypes in elementary school children. *Child Development, 82,* 766-779.

Deaux, K., & Lewis, L. L. (1984). Structure of gender stereotypes: Interrelationships among components and gender label. *Journal of Personality and Social Psychology, 46,* 991-1004.

土肥伊都子 (1988). 男女両性具有に関する研究――アンドロジニー・スケールと性別化得点　関西学院大学社会学部紀要, *57,* 89-97.

土肥伊都子 (1994). ジェンダーに関する2種のスキーマモデルの比較検討　心理学研究, *65,* 61-66.

土肥伊都子 (2017). 性ステレオタイプ　河合優年ほか（編）児童心理学の進歩　2017年版（pp. 49-69）金子書房

土肥伊都子・廣川空美 (2004). 共同性・作動性尺度（CAS）の作成と構成概念妥当性の検討――ジェンダー・パーソナリティの肯否両側面の測定　心理学研究, *75,* 420-427.

土肥伊都子・廣川空美・水澤慶緒里 (2009). 共同性・作動性尺度による男性性・女性性の規定モデルの検討――ジェンダー・アイデンティティ尺度の改訂と診断比によるスキーマ測定　立教大学心理学研究, *51,* 103-113.

Endendijk, J. J., Groeneveld, M. G., van Berkel, S. R., Hallers-haalboom, E. T., & Mesman, J. (2013). Gender Stereotypes in the Family Context: Mothers, Fathers, and Siblings. *Sex Roles, 68,* 577-590.

Fischhoff, B. (1977). Perceived informativeness of facts. *Journal of Experimental Psychology: Human Perception & Performance, 3,* 349-358.

Fiske, S. T., & Stevens, L. E. (1993). What's so special about sex? Gender stereotyping and discrimination. In S. Oskamp, & M. Costanzo (Eds.), *Gender Issues in Contemporary Society* (pp. 173-196). Newbury Park: Sage.

Fiske, S. T., & Taylor, S. E. (1991). *Social cognition* (2nd ed.). New York: McGraw-Hill.

フリー百科事典　ウィキペディア（Wikipedia）　Wikipedia：ウィキペディアへようこそ　https://ja.wikipedia.org/（2021年1月24日閲覧）

フリー百科事典　ウィキペディア（Wikipedia）　ウィキペディアにおけるジェンダーバイアス　https://ja.wikipedia.org/（2021年1月24日閲覧）

Galinsky, A. D., & Moskowitz, G. B. (2000). Perspective-taking: Decreasing stereotype expression, stereotype accessibility, and ingroup favoritism. *Journal of Personality and Social Psychology, 78,* 708-724.

Goldin, C., & Rouse, C. (2000). Orchestrating impartiality: The impact if "Blind Auditions on female musicians". *The American Economic Review, 90,* 715-741.

Greenwald, A. G., Banaji, M. R., Rudman, L. A., Farnham, S. D., Nosek, B. A., & Mellott, D. S. (2002). A unified theory of implicit attitudes, stereotypes, self-esteem, and self-concept. *Psychological Review, 109,* 3-25.

Greenwald, A. G., McGhee, D. E., & Schwartz, J. L. K. (1998). Measuring individual differences in implicit cognition: The implicit association test. *Journal of Personality and Social Psychology, 74,* 1464-1480.

Harris, M. (2014). *The end of absence: Reclaiming what we've lost in a world of constant connection.* New York: Penguin Group.（マイケル・ハリス　松浦俊輔（訳）(2015).　オンラインバカ——常時接続の世界がわたしたちにしていること　青土社）

Hewstone, M., Hopkins, N., & Routh, D. A. (1992). Cognitive models of stereotype change: Generalization and subtyping in young people's views of the police. *European Journal of Social Psychology, 22,* 219-224.

池田政子・阿部真美子・佐野ゆかり・高野牧子・坂本玲子・沢登芙美子・川池智子ほか（2000).　保育・子育てにおけるジェンダー——保育者および親の意識　日本保育学会第35回大会研究論文集（pp. 706-707）

唐沢穣（1998).　集団ステレオタイプ形成過程　山本真理子・外山みどり（編）　社会的認知（pp. 177-195）　誠信書房

Karraker, K. H., Vogel, D. A., & Lake, M. A. (1995). Parents' gender-stereotyped perceptions of newborns: The eye of the beholder revisited. *Sex Roles, 33,* 687-

701.

Kelly, G. H. (1955). *The psychology of personal constructs*. New York: Norton.

厚生労働省 (2019). 国民生活基礎調査　https://www.mhlw.go.jp/toukei/saikin/hw/k-tyosa/k-tyosa19/dl/05.pdf (2020年12月6日閲覧)

厚生労働省 (2020). 雇用均等基本調査　https://www.mhlw.go.jp/toukei/list/dl/71-r02/02.pdf (2021年11月13日閲覧)

Langer, E. J. (1975). The illusion of control. *Journal of Personality and Social Psychology, 32*, 311-328.

Lippa, R. A., & Connelly, S. C. (2009). Gender diagnosticity: A new Bayesian approach to gender-related individual difference. *Journal of Personality and Social Psychology, 59*, 1051-1065.

Macrae, C. N., Bodenhausen, G. V., Milne, A. B., & Jetten, J. (1994). Out of mind but back in sight: Stereotypes on the rebound. *Journal of Personality and Social Psychology, 67*, 808-817.

Markus, H., Crane, M., Bernstein, S., & Siladi, M. (1982). Self-schemas and gender. *Journal of Personality and Social Psychology, 42*, 38-50.

Martin, C. L., & Little, J. K. (1990). The relation of gender understanding to children's sex-typed preferences and gender stereotypes. *Child Development, 61*, 1427-1439.

松崎友世・本間道子 (2005). 低地位集団のネガティブな社会的アイデンティティ対処方略としての新しい次元比較方略　実験社会心理学研究, *44*, 98-108.

McCauley, C., & Stitt, C. L. (1978). An individual and quantitative measure of stereotypes. *Journal of Personality and Social Psychology, 36*, 929-940.

McHale, S. M., Crouter, A. C., & Whiteman, S. D. (2003). The family contexts of gender development in childhood and adolescence. *Social Development, 12*, 125-148.

Miller, D. I., Nolla, K. M., Eagly, A. H., & Uttal, D. H. (2018). The development of children's gender-science stereotypes: A meta-analysis of 5 decades of U. S. draw-a-scientist studies. *Child Development, 89*, 1943-1955.

文部科学省 (2020). 令和2年度学校基本調査　職名別教員数 (本務者)　https://www.e-stat.go.jp/stat-search/files?page=1&toukei=00400001&tstat=000001011528 (2021年2月4日閲覧)

Mullen, B., Brown, R., & Smith, C. (1992). Ingroup bias as a function of salience, relavance, and status: An integration. *European Journal of Social Psychology, 22,* 103-122.

永田麻詠（2012）．ジェンダーの観点から見た小学校国語科教科書の考察——エンパワ　メントとしての読解力育成に向けて　日本教科教育学会誌，*35,* 51-60.

西日本新聞（2019）．「ウィキペディア」にも男女格差　ネット事典，男性記事が8割占　める　12月22日付．　https://www.nishinippon.co.jp/item/n/570293/（2021年1月　24日閲覧）

Oe, T., & Oka, T. (2003). Overcoming the ironic rebound: Effective and ineffective strategies for stereotype suppression. In K. S. Yang, K. K. Hwang, P. B. Pederson, & I. Daibo (Eds.), *Progress in Asian social psychology: Conceptual and empirical Contributions.* Vol. 3 (pp. 233-248). Westport, CT: Praeger.

Rabinowitz, V. C., & Martin, D. (2001). Choices and consequences: Methodological issues in the study of gender. In R. Unger (Ed.), *The handbook of psychology of women and gender* (pp. 29-52). New York: Wiley.（ラビィノウィッツ，V. C.・マーティン，D.　森永康子（訳）（2004）．選択と結果——ジェンダー研究における方法論的問題　森永康子・青野篤子・福富護（監訳）　日本心理学会ジェンダー研究会（訳）　女性とジェンダーの心理学ハンドブック（pp. 32-60）　北大路書房）

Reichl, A. J. (1997). Ingroup favouritism and outgroup favouritism in low status minimal groups: differential responses to status-related and status-unrelated measures. *European Journal of Social Psychology, 27,* 617-633.

Rothbart, M. (1981). Memory processes and social beliefs. In D. L. Hamilton (Ed.), *Cognitive processes in stereotyping and intergroup behavior* (pp. 145-181). Hillsdale, NJ: Erlbaum.

Ruble, D. N., & Martin, C. L. (1998). Gender development. In N. Eisenberg (Ed.), *Handbook of child psychology: Social, emotional, and personality development* (5th ed.). Vol. 3 (pp. 933-1016). New York: John Wiley & Sons.

佐久間勲（2017）．サブタイプ化における認知資源の役割（2）　文教大学生活科学研究，*39,* 117-126.

佐々木秀綱（2020）．身内に甘い権力者——社会的勢力感が内集団ひいきの発現に及ぼす影響　組織科学，*53,* 36-48.

Signorella, M. L., Bigler, R. S., & Liben, L. S. (1993). Developmental differences in children's gender schemata about others: A meta-analytic review. *Developmental Review, 13,* 147-183.

Skitka, L. J., & Maslach, C. (1996). Gender as schematic category: A role construct approach. *Social Behavior and Personality, 24,* 53-74.

Swann, W. B. Jr. (1987). Identity Negotiation: Where two roads meet. *Journal of Personality and Social Psychology, 53,* 1038-1051.

田戸岡好香・石井国雄・村田光二 (2015). 競争意識が嫉妬的ステレオタイプ抑制後のリバウンド効果に及ぼす影響 実験社会心理学研究, *54,* 112-124.

Tajfel, H., & Wilks, A. L. (1963). Classification and quantitative judgement. *British Journal of Psychology, 54,* 101-113.

Taylor, S. E., & Brown, J. D. (1988). Illusion and well-being: A social psychological perspective on mental health. *Psychological Bulletin, 103,* 211-222.

外山美樹・桜井茂男 (2001). 日本人におけるポジティブ・イリュージョン現象 心理学研究, *72,* 329-335.

Turner, J. C. (1987). Rediscovering the social group. In J. C. Turner, M. A. Hogg, P. J. Oakes, S. D. Reicher, & M. S. Wetherell, *Rediscovering the social group: A Self-Categorization Theory* (pp. 19-41). Oxford: Basil Blackwell. (蘭千壽・磯崎三喜年・内藤哲雄・遠藤由美 (訳) (1995). 社会集団の再発見——自己カテゴリー化理論 誠信書房)

Wegner, D. M., Schneider, D. J., Carter, S. R., & White, T. L. (1987). Paradoxical effects of thought suppression. *Journal of Personality and Social Psychology, 53,* 5-13.

Weisgram, E. S. (2016). The cognitive construction of gender stereotypes: Evidence for the dual pathways model of gender differentiation. *Sex Roles, 75,* 301-313.

Wood, E., Desmarais, S., & Gugula, S. (2002). The impact of parenting experience on gender stereotyped toy play of children. *Sex Roles, 47,* 39-49.

山本真菜・岡隆 (2016). ステレオタイプ抑制による逆説的効果の個人差——認知的複雑性との関係 社会心理学研究, *31,* 149-159.

横田晋大・結城雅樹 (2009). 外集団脅威と集団内相互依存性——内集団ひいきの生起過程の多重性 心理学研究, *80,* 246-251.

(読者のための参考図書)

Itsuko Dohi (2014). *Gender Personality in Japanese Society.* Union Press.
　＊ジェンダー・パーソナリティが，対人関係・社会的適応・心理的健康へ及ぼす影響について，筆者の2000年以降の10年間の調査・実験・インタビューによる実証的研

究をまとめている。

佐藤文香（2019）．ジェンダーについて大学生が真剣に考えてみた　明石書店
　＊一橋大学の筆者のゼミ生が問題提起し，その答えを追究し，さらに先輩の大学院生
　　による詳しい解説が添えられている。ジェンダーに関するゼミの研究活動や卒論執
　　筆に好適である。

山村英司（2020）．義理と人情の経済学　東洋経済新報社
　＊女性と数学との関連や，夫婦の身長差の変化，子どもの性別と親のジェンダー態度
　　との関連など，心理学的実験データではなく現実社会のデータを集めて，行動経済
　　学的な分析を行っている。

第 3 章

思いこみをつくる社会のしくみ

　本章では，個人が現実社会の制度や慣習，人間関係の中で生きていくことが，ジェンダー・ステレオタイプの形成・維持に，どう関わっているかを明らかにする。第1節では，夫婦の性別役割分業や親密な異性とのパートナーシップなどを取り上げる。第2節では，現代日本社会とジェンダー・ステレオタイプとの関連に焦点をあてる。日本では，政治・経済の分野で男女格差が特に顕著であり，今もなおその改善の兆しがみえない。長きにわたって引き継がれてきた伝統や文化が，その土壌となっているのである。これらの事象について多方面からみていきたい。

第1節 性別役割分業社会が思いこみをつくる

近代以降の性別役割分業

　産業革命によって生まれた近代資本主義社会は，家内制手工業から工場制機械工業へと労働システムを変化させた。そして大量生産が可能となり，市場領域が発展し，これにより労働者たちも家族賃金を得るようになった。そして，産む性である女性が家庭で労働力の再生産を担い，労働の場から離れることとなった。つまり，職住分離，公共領域と家内領域の分離が進み，「男は仕事，女は家庭」の性別役割分業が成立した。さらに20世紀に入ると「専業主婦」が浸透していった。それに伴い，母性愛に富む専業主婦が，労働者である夫や子どもを愛情をもってケアするべきというイデオロギーも広まっていった。こうしたイデオロギーは，産業資本主義の過酷な政治経済の論理との間に生じた緊張を和らげる役目を果たした。特に利益優先の競争原理に基づく資本主義は，現世の欲望や見栄も増大させ，キリスト教の禁欲的プロテスタントの精神と矛盾したものであったため，その矛盾を緩和するためのフィクションとして，信仰と安らぎの場である近代家族が求められたのである（衛藤，2005）。

　性別役割分業の進展は国により異なり，日本では欧米諸国に遅れて，19世紀末から20世紀初頭に誕生したとされている（牟田，1996）。そして，戦後になってようやくこれが大衆化し，最も広まったのは高度経済成長期になってからである（落合，2019）。「M字型カーブ」として知られている年齢別女子労働力率のM字の底が落ちこむのは，女性が主婦として結婚・出産を機に退職して家庭に入ることによるものであるが，その底が最も深くなったのは1975年である。なお，M字の第2の山は，女性が子育てが一段落した後に，家庭優先でパートタイマーとして短時間労働の再就職をすることによって生み出されている。しかし，私的な家庭での立場や役割においても，公的に夫の扶養家族でいることにおいても，再就職の女性労働者たちは，専業主婦に限りなく近い「主婦」である。昨今，女性の社会進出が進みつつあると認識されているが，戦後，女性

はいったん家庭に入り，高度経済成長後，家庭を引きずったまま再び社会に出るようになったのである。こうした性別役割分業に沿った日々の社会行動が，ジェンダー・ステレオタイプに影響する。なお，日本独自の性別役割分業の影響については，第2節で取り上げる。

性別役割行動を遂行するためのジェンダー・ステレオタイプ

　イーグリィら（Eagly, 1987; Eagly & Wood, 2011）の「社会的役割理論（social role theory）」によれば，ジェンダー・ステレオタイプは，男女が異なる仕事や役割をすることによって形成・維持されると考えられている。つまり，女性は家事や子育てに専念するから家庭的で献身的であるなどとみなされ，男性は仕事に専念するから達成志向で行動力があるなどとみなされるのである。

　ここで第1章の，ウィリアムズとベストによる，欧米の先進諸国におけるジェンダー・ステレオタイプの調査研究結果を思い出してほしい。この内容は，調査研究当時に主流であった「男は仕事，女は家庭」の性別役割分業をスムーズに効率よく遂行するために必要とされる性格特性から成り立っている。すなわち職務遂行や業績達成のための行動力，決断力，指導力などは男性的な性格特性として，家族員の親密で安心できる心地よい生活のための心配り，繊細さ，感受性，献身などは女性的な性格特性としてステレオタイプ化されるようになったのである。このように，多くの国でこれほど普遍的に，活動的で強いのは男性で，従順なのは女性であるということから，太古の昔から今まで引き継がれた役割なのだろうとか，あるいは，これらは男女の生物学的な特性なのだろうと多くの人たちは考えてしまうかもしれない。しかしそれは間違いである。日本を含めた欧米諸国のジェンダー・ステレオタイプが共通しているのは，それらの国々が，たまたま「男は仕事，女は家庭」という役割分業を行ってきたため，そこでの「適応的な」性格特性を男女に役割のように期待しているからなのである。

　そして日本に関していえば，仕事と家庭の役割分業が少しずつ変化したことにより，社会的役割理論から推測される通り，ジェンダー・ステレオタイプの

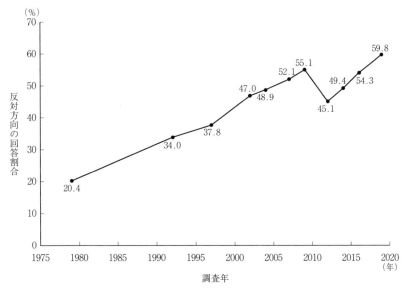

図3-1　「夫は外で働き，妻は家庭を守るべきであるか」の問いに対して「反対」あるいは「どちらかといえば反対」と回答した人の割合（男女合計）

出所：内閣府（2015）および内閣府（2019）（2016年以降）をもとに筆者（土肥）作成。

内容にも変化が生じている。ジェンダーの中のほんの一側面ではあるが，「夫は外で働き，妻は家庭を守るべきであるか」の問いに対する回答をみると，「反対」あるいは「どちらかといえば反対」と回答した人（全国の20歳以上の男女）の割合は，図3-1に示した通り上昇傾向が続いている。これも現実において，徐々にではあるが，結婚・出産退職して再就業というライフコース，あるいは職業継続のライフコースを選択する女性の割合が増えていることによるものと考えられる。では，この「男は仕事，女は家庭」の性別役割分業に反対した人たちは，果たして何に賛成するのだろうか。「男も女も，仕事と家庭」に賛成する方向に向かっているのだろうか。おそらくそうはならず，女性は家庭を守ったうえで仕事をもつ，男性は仕事を優先したうえで家庭にも参加するという条件つきでの賛成をしているのではないか。現在，女性は主に非正規雇用労働者として職場に戻ったが，男性の家庭参加は伴っていない。そのため現

在主流となっている性別役割分業は,「男は仕事,女は家庭と仕事」(内閣府,2000)の「新・性別役割分業」といわれるものになっている。

結婚すれば幸せになれるとささやく童話や児童文学

　第2章でジェンダー化についてふれたが,子どもたちにとっては,身近に接する童話や児童文学,テレビやマンガなどのメディアの影響は多大である。藤田(2008)は,子どもが日々の生活で接するメディアには,「男らしさ」「女らしさ」「ジェンダー」を是とするメッセージが多く含まれているとしたが,これは童話や児童文学においても同様である。「女の子は美しく従順であれば,地位とお金のある男性に愛されて結婚し,幸せになれる」(若桑,2003)ことを忍びこませたプリンセス・ストーリーを読みながら,「理想の」女性の生き方を刷りこまれていくのである。

　國吉(2015)は,現代的課題を昔話に反映させた「現代の童話」としてディズニー映画を取り上げ,「塔の上のラプンツェル」や「リトル・マーメイド2」をはじめ,多くの作品では,冒険に出るのは決まって王子であり,自由を拘束されるのは姫であるとした。そして,悪と戦い,姫の拘束を解く役割を王子が担い,成功すれば王子と姫は結ばれるのが物語の結末であり,「結婚＝ゴールイン＝幸せな人生」という単純な図式になっているとした。そして,人々が結婚を人生のゴールだとみなし,女性の中に「結婚して幸せになりたい」「男性に幸せにしてもらいたい」と思う人が多いのは,このような童話の影響であろうと考察した。

　ではなぜ女の子にばかり,結婚に夢をもたせようとするのだろう。日本の事情については本章第2節でカップル単位社会を紹介するが,女性は結婚しないと生きていけない社会がつくられてきたからではないだろうか。女の子たちを経済的自立から遠ざけておいて,そうした状況から男性が「生活に困らずに幸せになれるように救い出してくれる」かのように,童話や児童文学は結婚に夢をみさせていたのかもしれない。

　ただし,少女漫画雑誌『なかよし』で1992年2月号から1997年3月号まで連

載された美少女戦士セーラームーンや，2004年からテレビ朝日系列で放映されているプリキュアシリーズでは戦闘がメインとなっている。これは，女性も主体的に強く生きていける社会に変わりつつあることを反映しているとも考えられるし，作家や監督たちが，女性差別的で受動的な女性の生き方を表現することに抵抗した結果とも考えられる。

夫婦の性別役割分業を当然の風景にするコマーシャル

　不特定多数の受け手に対して多大な影響を及ぼすコマーシャル（以下，CM）にも，ジェンダー・ステレオタイプが入りこんでいる。特にテレビCMは，衣食住で消費される商品に関するものに，ジェンダー・ステレオタイプがみられることが多い。数十秒の短い時間でも，毎日，毎週，繰り返しみるテレビCMは，家庭における性別役割分業を当然の風景にしている。

　ジェンダーの観点からCMが社会的に問題視された最初の事例として知られているのが，1975年に放送されたハウス食品工業のテレビCMである。「つくってあげよう シャンメン for you」と歌が流れて，成人女性と少女が「私つくる人」と自分たちを指差し，成人男性がそれを受けて「僕食べる人」といい，最後に3人一緒にインスタントラーメンを食べるというものである。どこの家庭にでもありそうなありふれた家庭風景であるが，実はそれこそがジェンダー・ステレオタイプを強化し，性別役割分業を固定化させ，ひいてはジェンダー不平等を生むことになるのである。このようなことにまで意識が向かうのは，多くの人々にとって今でも難しいことであり，その後も，性別役割分業の固定化を招くという点から同様の指摘を受けるCMが後を絶たない。2017年に公開されたユニ・チャームのおむつ「ムーニー」の2分のCM動画「はじめて子育てするママへ」は，育児に孤軍奮闘する母親の姿が描かれたものである。動画の最後で，母親が赤ちゃんと添い寝をしているところに「その時間が，いつか宝物になる」というコピーが出て，母親の育児を礼賛するものである。企業側にすればおそらく，つらい毎日を過ごしながら子育てしている母親を応援するつもりで制作したのであろう。ところが，ここでは父親はほんの一瞬だ

けしか登場せず，いわゆる「ワンオペ」（母親1人だけが育児をしている状態）を推奨しているとして，SNS上で炎上した。つまり，育児は女性がするべきものというジェンダー・ステレオタイプを十分に強化することになってしまったのである。

家庭のキッチンやリビングを模したスタジオで行われる昼間のバラエティ番組，情報番組では，合間に流れるCMに家庭用品，食料品，化粧品に関するものが多い。これも，女性たちの日常的な行動や認識を「主婦」にふさわしいものにさせるように仕向けているようにみえる。こうした番組をみているうちに，女性は主婦になっていくのである（田中，2012）。

繊維製品メーカーのアツギは，2020年，タイツの日のPRキャンペーンをツイッター上で行ったが，このイラストの中にはいかにも男性目線の性的描写が多数含まれていた。これに対して炎上が起こり，メーカーは不適切な表現があったとして謝罪した。従来タイツは，脚が透けず隠すこともできて暖かいといった実用的なイメージがあった。タイツのこうしたイメージを払拭して，PRで用いたようなイラストのタイツ脚を男性に連想させようとしたのか，あるいはタイツを履いていても性的アピールが可能であると女性に思わせたかったのか。いずれにせよ，性的魅力を女性に期待し，女性を品定めする「みる性」の男性と，男性を癒す「みられる性」の女性というジェンダー・ステレオタイプを喚起したことは間違いない。

ただしCMは，ジェンダー・ステレオタイプに疑問をもたせ，そこからのネガティブな心理的影響を阻止することもできる。P&Gの生理用品「Always」ブランドによる「Like A Girl」キャンペーンは，2015年，世界最大の広告祭である「カンヌライオンズ 国際クリエイティビティ・フェスティバル（Cannes Lions International Festival of Creativity）」のPR部門でグランプリを獲得した。このCM動画には，思春期にさしかかり，女性に期待されたステレオタイプを察し，弱々しくなりがちな女の子に対するメッセージがこめられている。すなわち，思春期前の元気な女の子のように，女の子らしさに縛られることなく，自分らしく，全身全力で自分の力を発揮してもいいのだ，自信を

表3-1　「男性的行動」「女性的行動」「中性的行動」の項目

男 性 的 行 動	女 性 的 行 動	中 性 的 行 動
相手を家に送る 重い荷物を持つ プロポーズをする 相手をエスコートする 並んで歩く時，車道側を歩く 車の運転をする	食事や弁当を作る 相手の部屋の掃除をする こまやかな世話をする 手紙を書く ノートをとったり，テストの資料を まわす 相手のために買い物に行く	食事のメニューを決める 別れを切り出す けんかをした時，先に折れる 相手の話を聞く 相手のことを思いやる 相手を励ます

出所：土肥（1995）。

もとう，と励ましている。

恋愛中の男女はジェンダーする

　若い独身の男女が恋に落ちると，その男女はどういう関係を結ぶのだろうか。土肥（1995）の研究からは，男女の親密さが増すと，彼らがジェンダー・ステレオタイプに従った行動をとる傾向も強まることが示唆されている。しかも，異性と一対一でいる時に，どの程度女性的，あるいは男性的な行動をするかは，個々の人のジェンダー・タイプ（どれほど女性的な人か，男性的な人か）とは関係がなかったのである。ここでの「男性的行動」とは，女性よりも男性が頻繁にすると多くの人に認められた行動である。「女性的行動」とは，男性よりも女性が頻繁にすると多くの人に認められた行動である。「中性的行動」とは，頻度に性差がないとされた行動である（表3-1）。具体的な結果は，図3-2に示した通りである。男女とも，両性具有型（A型；高女性性・高男性性）であろうと，女性性優位型（F型；高女性性・低男性性）であろうと，男性性優位型（M型；低女性性・高男性性）であろうと，未分化型（U型；低女性性・低男性性）であろうと，男性は男性的行動を頻繁にし，女性的な行動はあまりせず，女性は女性的行動を頻繁にし，男性的な行動はあまりしなかった。

　またここでみられる男性的行動，女性的行動は，「男は仕事，女は家庭」という夫婦の性別役割分業の内容と適合している。そこから，親密性の高まった恋愛関係にある男女に対してこそ，ジェンダー・ステレオタイプが多大な影響

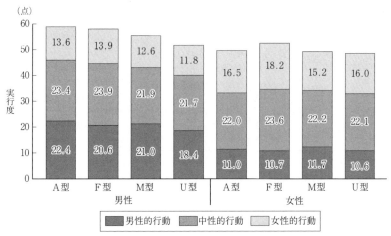

（点）

図3-2　ジェンダー・タイプ別「男性的行動」「女性的行動」の実行度

出所：土肥（1995）。

を及ぼしていることが推測できる。赤澤（1998）の研究によれば，恋人がいる
ほど，さらにその恋人と結婚する意図が強いほど，ジェンダー・ステレオタイ
プに忠実になろうと性別役割行動の指向性が高くなり，その実行度も高かった。
恋愛の段階から，すでに夫婦の性別役割分業が念頭にあることが示唆されたの
である。

　ところで，親密で個人的な関係である「恋愛」は，明治時代以降に欧米の
「love」という単語および概念が日本に導入されたものである。そして，ロマ
ンチック・ラブを特徴とする夫婦愛や恋愛結婚や愛のあふれる家庭（ホーム）
などに結びついていったのである（デビッド・ノッター，2007）。この欧米からの
輸入品である恋愛は，現代の日本のジェンダーにも及んでいる。プライベート
な場では，相手に愛されたい，嫌われたくない，女らしく，男らしくみられた
いという気持ちが高まる。そこで相手からのジェンダー期待に応えようとして
ジェンダー・ステレオタイプが利用され，実行に移されるのである。ではそれ
にはどのような心理的プロセスが関係しているのだろうか。

　一つには，男女が多数ずついる集団の場合より，一対一の場合の方が，性別

研究紹介
3-1

割り勘問題

　土肥（2006，2009）は，図3−3のようなスライド16枚を示し，男女大学生に男女3人ずつの飲み会を想定してもらい，その酒代の合計金額が12,000円であった場合，男女別に支払い額を決めるとしたら，いくらずつにすればよいかをたずねた。

　その結果，女性よりも男性の支払い額を高くすべきと考える判断傾向がみられた。これは，「男性は仕事で稼いで女性に貢ぐもの」，あるいは「男女で外食をしたら男性がおごるもの」というジェンダー・ステレオタイプに沿ったものといえる。しかし，それと同時に，酒をよく飲むのであれば，男女に関わらず，飲んだ量に相応して支払い額も多くすべきであるという傾向もみられた。

　そこで土肥（2020）は，インターネット調査票を作成して前回と同じ内容の実験を行い，2009年と2020年の結果と比較

した。調査対象者数が比較的多く，分析に堪えうる女性に関する分析結果からわかったことは，女性が支払うべきとする額が男性の額に近づいたということであった。

　具体的には，飲める女性の人数が男性より少ない場合，以前は男性の方がより多く支払うべきであると判断されていたが，その傾向が弱まり，割り勘を選択する率が高まった（例として，図3−4を参照）。また，飲める人数が男女同じ場合には，以前も割り勘が大半であったが，今回，益々その傾向が強まった（図3−5を参照）。ただし，飲める女性の人数が男性より多い場合，割り勘を選ぶ率が最も多いことには変化がなかったが，飲める女性が多いならば，女性の方が多く支払うべきという傾向は弱まり，割り勘でよいと判断する傾向もみられた（図3−6を参照）。

図3−3　割り勘問題のスライド例
出所：土肥（2020）。

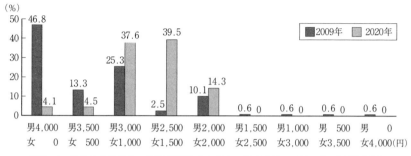

図3-4 飲める女性0人・飲める男性3人のケースの支払いパターン（女性のみ）

出所：土肥（2020）。

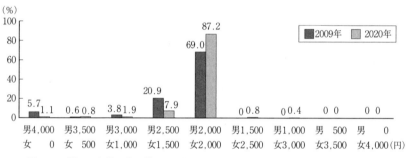

図3-5 飲める女性2人・飲める男性2人のケースの支払いパターン（女性のみ）

出所：土肥（2020）。

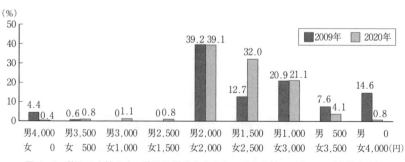

図3-6 飲める女性3人・飲める男性0人のケースの支払いパターン（女性のみ）

出所：土肥（2020）。

　このように，男性が多く支払うべきだとする傾向が弱まり，割り勘が選ばれるようになったことについて，夫の稼得責任を妻が期待しないこと，夫も稼得責任を大義名分に家事・育児を妻任せにしないこと，すなわち「男は仕事，女は家庭」という家庭内での性別役割分業のジェンダーが弱まってきた兆候とは考えられないだろうか。ただし，本実験の対象であった大学生たちも，実際に社会に出て職業に就き，男女の賃金格差を実感した後には，また，恋愛関係や夫婦関係の中にいる場合には，大学生時点の結果よりも，ジェンダーが前面に出た判断に変化する可能性も考えられる。

役割分担を相手に期待する傾向が強まることが考えられる。女性が大勢いれば，女性に期待された行動をとらない女性が何人か混じっていても許されるかもしれない。しかし女性が1人だけであると，すべての女性的役割がその女性に期待されてしまう。男性の場合も同様であろう。しかも親密な関係にある男女が，社会通念としてのジェンダー・ステレオタイプに従っているのを自覚するのは，意外に難しい（土肥，2000）。異性を前にすると，知らず知らずのうちに男女とも少食になることが明らかにされているが，特に女性は，相手が魅力的な場合にその傾向が顕著になる（Pliner & Chaiken, 1990）。女性は小鳥のように少食なのが女らしさのステレオタイプとつながっているために，デートでは食べたいものも食べずにやせ我慢しているのかもしれない。

第2節　日本的土壌が思いこみをつくる

日本の家父長制——イエ制度を引きずる意識や慣習

　「家父長制（patriarchy）」とは，男性による女性支配のシステムをいう。農業が始まり多くの労働力が必要になると，出産能力のある女性を戦闘能力のある男性が略奪，保護し征服したのが家父長制の起源とされる。すでにメソポタミアの古代国家にも，古代ローマにも存在していた（衛藤，2005）。

　日本の家父長制は，家族制度と結びついてイエ制度になった。成立当時の近世初頭は家族が生産の単位であったため，その基盤である土地を継承し，そこでの働き手を確保するために有益な制度であった。すなわち，第1子（長男）に土地（家産）の管理と先祖の供養を任せ，それ以外の子はイエから排出するというものであった。このイエ制度は，1898（明治31）年，明治民法で法的に制度化された。たとえば，第4編の「親族」で戸主権，戸籍制度が定められ，第5編の「相続」で，妻の財産は夫が管理するものとなった。こうして女性は婚姻により無能力者となったのである。

　戦後，1947年の民法で，明治民法のイエ制度は廃止され，夫婦家族制へ移行した。ただし，現在でも1898年に導入された夫婦同姓制と，東アジア固有の制

度である戸籍制度は続いている。戸籍筆頭者に，明治民法の戸主のような権限はないが，筆頭者を基準に入籍や除籍の処理が行われる。そして離婚すると，筆頭者でない配偶者が除籍される。また，夫婦同姓制にしても，「女性は結婚すれば夫の姓に変えるもの」というジェンダー・ステレオタイプが，現在も慣習の形で存在し続けている。たとえば，2015年には，婚姻した夫婦の96.0％は夫の姓を選んでいる（厚生労働省，2017）。現在，旧姓の通称使用は認められるように変わってきたが，選択的夫婦別姓制度の成立は未だ道半ばである（第6章参照）。内閣府（2016）の男女共同参画社会に関する世論調査によれば，仮に結婚して戸籍上の名字（姓）が変わったとした場合，働く時に旧姓を通称として使用したいと思うかを聞いたところ，「旧姓を通称として使用したいと思う」と答えた者の割合が31.1％にのぼった。なお，婚姻届を出さないままパートナーシップを結ぶ事実婚は，日本ではきわめて稀であるが存在する。事実婚を選択する人たちの中には，こうした夫婦同姓を強要する日本の婚姻制度への拒否が理由である場合も少なからず含まれていると考えられる。

　家父長制は，イエ意識，あるいは日本の伝統として，家族における様々な慣習以外にも根づいている。ここでは，神道や仏教を例に挙げる。日本人は無宗教などといわれるが，宗教や思想が，男性を優位とみなすジェンダーを多かれ少なかれ生み出していると考えられる。まず，日本は儒教の影響を受けてきたが，そこでは「五倫」（人の世には「父子の親」「君臣の義」「夫婦の別」「長幼の序」「朋友の信」の5つの人間関係が必要である）の考え方があり，「夫婦の別」があることが国の安定には大事な要素であるとされてきた。「夫婦の別」とは，夫と妻には区別や役割の違いがあるということである。そして「別」だけでなく，「女性は家にあっては父に従い，結婚後は夫に従い，夫の死後は子に従う」ことが守るべき道理であるという「三従の教え」が説かれることで，「男尊女卑」の上下関係も加えられていた。

　日本で伝統とされている思想の中には，女性を排除するもの（「女人禁制」）がある。大相撲の土俵に女性の大阪府知事が上がれなかった（2000年）のは，遠い昔の話ではない。年中行事，法事，葬式，結婚式，山開きなどにおいて，

特に地方では，ジェンダーが顕著になる。酒を酌み交わすのは男たち，その給仕をするのは女たち。祭りの主役は男たち，それを陰で支えるのは女たちというのが「しきたり」となっている。これらは男性が主役で女性が脇役といったジェンダー・ステレオタイプをつくり出している。

　皇室は原則的に男系で，歴代で10人の女性天皇がいたが，第117代後桜町天皇（在位：1762-1770年）以降はおらず，現在の皇室典範では認められていない。女性の天皇を成立させるかどうかなどについての是非はともかく，男子のみが天皇となることに関して，そうした伝統自体，男女間に上下関係を認めるジェンダー・ステレオタイプを維持することにつながっているといえるのではないだろうか。

日本的経営と福祉制度

　第1節で述べた性別役割分業に関して，戦後の日本では，女子労働力率が1975年まで下がり続けたことからわかるように，高度経済成長期に「専業主婦」が増大し，夫婦の性別役割分業が最も広まった。その要因として，田中(2000) は，職場と家庭の分離，人口学的理由，「育児＝愛情＝女性」規範，保育所不足，通勤時間の長さ，核家族化を挙げている。その後，1970年代に欧米諸外国では女性の脱主婦化が起こったが，日本ではこれがほとんど進まなかった（岩井，2002）。日本では雇用慣行として，年功賃金制，終身雇用制，家族賃金制などがあり，これらはいわゆる日本的経営と称されてきた。この時期には朝鮮戦争による特需もあり，めざましい経済復興を遂げ，所得は倍増した。1960年代の日本は人口過剰であったため，企業は多くの従業員を，一生責任をもって雇い，失業の不安から解放し，いわば企業が福祉を担ってきた。ただし，それが長時間労働，社畜，転勤拒否の不可，会社人間を生み出すことになり，労働力を粗放に使うようにもなった。

　また，日本の性別役割分業は，女性を「主婦」という名でそれぞれの家族に抱えこませ，1人の女性を1人の男性に貼りつけることで，女性にとっての「失業対策」（落合，2019）とした。終身雇用は，男性の雇用を守るしくみとは

いえ，これにより，家族を養うのに必要な賃金や手当を含め，充実した福利厚生が整備されてきた。いわば企業福祉である。その一方で，正社員雇用を守るために，企業は景気の変動に応じて雇用を調整し，そのため非正規労働者が活用されるようになったのだが，その多くが女性のパートや派遣労働者であった。企業からすれば，女性を非正規雇用にするのは男性を安定して正規雇用するためのものであった。また企業は，家庭において女性が男性社員のために内助の功をするという家族福祉を，企業福祉の見返りとして期待してきたのである。このように，こうした家族福祉と企業福祉の相互補完（大沢，2013）が，戦後の経済復興の一要因であるかのごとく考えられ，日本における性別役割分業が根強くなっていったと考えられる。

　今日，日本を含むあらゆる先進国は，多かれ少なかれ「福祉国家」である。つまり，我々の生存権を守り，事故や災害など，いざという時のために備えをし，また市場経済のリスクから労働者を守るため，年金，失業保険，医療保険，介護保険，生活保護などの社会保障制度をもつ。前田（2019）によれば，日本の社会保障制度は，「夫が主な稼ぎ手で，妻は夫に扶養される主婦」という性別役割分業に従う家族を標準としてつくられた「男性稼ぎ主モデル」に基づいている。そして，それにはずれた生き方をしている人々にとっては不利な社会保障制度であるため，人々は制度に従って有利に生きようとする。

　たとえば，厚生年金に加入している給与所得者（2号年金受給者）の夫をもつ妻は，夫の扶養家族になって所得税を支払わずに済むように，結婚後に仕事を辞めたり，パートタイムの勤務にして労働時間を調整し，収入を抑えたりしている。具体的には，所得税において扶養控除が適用される妻の収入額の上限である103万円，あるいは妻が夫の健康保険に適用される家族（3号年金受給者）でいるための収入の上限など，様々な限度額の壁を超えることのないような働き方をする。また，夫の死後には遺族年金を受けとることもできる。

　以上のように，日本的経営および社会保障制度を含む福祉制度は，性別役割分業に従わない夫婦にはペナルティが課せられるようなしくみとなっている。その結果，これらに沿って多くの人々が生きていくことで，「男が仕事，女が

家庭」，およびそこから派生する様々なジェンダー・ステレオタイプも維持・強化されていくのである。

カップル単位社会——2人そろうことで「個人」に

　性別役割分業は，ジェンダー・ステレオタイプを生むことにもつながること，また日本では，前述の法律，税制，年金制度，介護，経営，労働などにおいて，ジェンダー・ステレオタイプを強化する独自の社会のしくみがあることがわかった。実は，こうした領域の違いを超えて存在する原理として，伊田(1995)の「カップル単位社会」があると考えられる。

　伊田（1995）は，従来の日本の社会・生活・経済の単位は個人ではなく，カップル（夫婦／家族）であると指摘した（図3-7）。「カップル単位社会」とは，個人をみるうえで性差や結婚というファクターが非常に重要な意味をもっている社会のことであり，家族が社会の最小「単位」とみなされる社会である。家に主婦がいて初めて可能となる夫の長時間労働，税制における配偶者控除や扶養控除，払込額は同じでも被扶養者が多ければより多く受けとれる社会保険や年金制度，世話のできる家族がいれば入れない保育園，昼間に会合をするPTAなどに，社会がカップルを標準としていることが表れている（落合，2019）。これらは男女に対して，結婚しないと損しますよ，不便ですよと，結婚やカップル単位の生き方を強制する。

　ここで注目すべきことは，この「単位」はそれ以上の分解が不可能ということを意味しており，「単位」の中では個人間でどんなに経済力が偏っていようが，どんなに権力が偏っていようが，問題にならないという点である。夫婦生活を営む本人たちでさえ，DV（夫婦間暴力）や離死別などの問題に出くわさない限り，何が問題なのか気づかないのが現状である。特に経済力をもたない妻は，離婚を考える段になって初めて，自分は夫なしでは自立できない状況に追い込まれていることに，はたと気づくのである。夫婦の問題が問題とならないようなこうした状況に，恋愛＝結婚を正しいとする「恋愛結婚イデオロギー」が結びつくとどうなるか。夫婦は性別分業が愛情の証であると思いこんでそれ

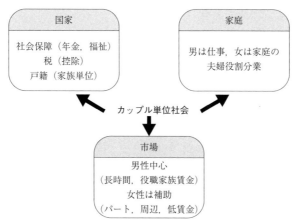

図3-7　カップル単位社会の各領域での特徴
出所：伊田（1995）をもとに筆者（土肥）作成。

に従い，一心同体であることによって社会的にようやく一人前になる傾向を強める。しかしそれを欠点だとは捉えられず，それどころかロマンチックで理想的な夫婦関係だと考えることになるのである。

　ところでこの「カップル単位社会」に沿って生きていける人は，今や少数派で，この標準からはずれた人の方が多数派になりつつある（落合，2019）。2015年において，50歳時の未婚割合は男性で23.37％，女性で14.06％に達し（国立社会保障・人口問題研究所，2021），子育て期の既婚女性の7割近くは家庭の外で働いている。カップル単位社会にきわめて沿った生き方をした人たちだけが社会で恩恵を受けられ，それ以外の生き方を選んだ人たちにはペナルティが課されるという不平等が生まれないように，またライフスタイル中立的な社会制度にするためには，個人単位の社会制度をつくるしかないのではないか。伊田は，カップル単位と対比した社会を「シングル単位社会」と呼んだ。これは，法制度上，個人を単位とする社会の考え方であり，現在では世界的トレンドになっている（Sainsbury, 1996）。

親密な関係性による自己高揚

これまで，家族制度や経営や福祉制度などにおける日本的特徴，そしてそれらをまとめて日本社会を表していると考えられる「カップル単位社会」をみてきた。千田（2011）も，「日本型近代家族」という名で，家族は政治的・経済的単位であるとみなしている。ここでは，これらの根底にあると考えられる日本的な人間関係や自己の捉え方について述べたい。

比較文化論において，日本的な人間関係は，長らく西欧的契約社会と比較されることが多かった。すなわち，西欧では，個人の属性，つまり年齢や職業や学歴や能力などに基づき契約を交わすのに対して，日本では，個人が所属する場（一定の地位とか所属機関など）の情緒的なつながりを重視し，その場を共有した個人同士が相互依存，相互信頼することで人間関係を結ぶのである。たとえば，「場」を重視する「タテ社会」（中根，1967），「間人主義」（濱口，1977），などが挙げられる。

次に，心と文化の相互構成に注目する文化心理学においては，自尊感情（自尊心）は心理的健康を保ち，人間関係の基礎となるものであり（内田，2008），社会的成功，人格的成熟などの広い領域にとっても有益なものである（中間，2013）と考えられている。ただし，ディーナーら（Diener, Diener, & Diener, 1995）が世界42カ国で，主観的幸福感を人生満足度と自己への満足度で測定したところ，そこには文化差があった。個人主義的社会においては，自尊感情が人生満足度と高い相関を示すのであるが，日本では，自尊感情は主観的幸福感との相関が比較的弱かった。また，女性は男性に比べて経済的満足度が，男性は女性に比べて友人への満足度が，人生満足度との相関が高かった（Diener & Diener, 1995）。

以上のことを考え合わせると，日本人にとっても当然，自己を肯定的なものとして高く評価したいという自己高揚の傾向は重要であるのだが，ただし日本では，自己は他者との境界が曖昧なもので，周囲との協調的関係そのもの，あるいはその関係の中での自分の属性こそが自己であると考える「相互協調的自己観（interdependent construal of self）」が優勢なのである（Markus & Kitayama,

1991)。そして，集団内や関係性の調和を維持することで，間接的に自己価値を高める（Kitayama & Uchida, 2003）。これにより，他者と自己との境界を明確にして独立的に捉える「相互独立的自己観（independent construal of self）」の社会とは異なり，日本では個人の自尊感情の効用を抑制していると考えられる。

　こうした議論をふまえ，中間（2013）は，従来の自尊感情の概念定義，すなわち，他と明確に区別される個別存在としての自己に対する肯定的感情とは別に，自己を取り巻く他者や，自己が埋めこまれた周囲の状況に対する肯定的感情も，広い意味での「自己」に対する肯定的感情であると捉え，これを「恩恵享受的自己感（blessed self-feeling）」と定義づけた。そして，恩恵享受的自己感は，男性より女性の方が高いことを実証した。従来の自尊感情は，日本でも概して女性の方が男性より低いと報告されているが，恩恵享受的自己感が高いことにより，自尊感情の代わりとなって，主体的・能動的に生きるという面での心理的健康であるプロアクティブ・パーソナリティ傾向（環境からの圧迫に屈しにくく，逆に働きかける積極性やねばり強さ）を高めることがわかったのである。

　つまり，相互独立的自己観では個としての自己高揚が重要であるが，それに対して，相互協調的自己観では所属集団高揚が重要になるものと考えられる。なおこれまでの研究では，日本ではむしろ集団卑下がみられ，欧米人の方が集団高揚も高い（遠藤, 1997）という結果が得られてきた。これは，日本人は，抽象的観念的な集団からではなく，親密な関係性によって高揚動機を満たしているということであろう。恩恵享受的自己感においては，親密な関係性というのは，生まれてきた環境のよさや，自分のまわりの人，友だちや仲間などに相当するものである。そして遠藤（1997）は，日常的に相互交渉できる親友関係と夫婦関係において，自分たちの関係は，他の人々の親友あるいは夫婦関係よりもはるかによい関係であって，悪い側面などほとんどないと考える関係性の高揚が高くみられることを実証した。

　このように，日本人は身近な他者との関係を常に重視しながら行動し，それが自尊感情の代わりとなって，幸福感や人生の満足感を高めることにもつながっている。性別役割分業やカップル単位社会の傾向を強めているのは，この

配偶者選択問題

土肥ら（Dohi, Ueno, Aono, & Sato, 2016）は，男女大学生の配偶者選択条件についての実験を行った。具体的には，①年収が200，400，600万円，②年齢は，30歳か40歳，③勤務先企業の規模は，中小か大企業か，④夫が家事のできる時間の有無，これらの4条件を組み合わせた24通りの男性像を提示した。そして女子学生には，自分が20代後半で，年収は200万円，中小企業でフルタイム勤務していることを想定させ，男子学生には，結婚相手の候補として，20代後半の年収200万円の中小企業でフルタイム勤務の女性を想定させて，その24通りの男性像について，結婚意図，および女性自身が希望するライフコース，男性が女性に期待するライフコースを訊ねた。

年収などの4条件の，結婚意図への関与度を検討するために，実験参加者1人ずつに，24通りの回答を用いて，全員分の判別分析を行った。その結果，男女とも顕著に判別力の高かったのは年収であった。年収によって結婚意図を判別できた女性126名の判別関数係数の分布（図3-8）と，男性94名の判別関数係数の分布（図3-9）から，男女とも，配偶者となる男性側の年収が高いと，結婚を意図する傾向が強まることがわかる。加えて男女に共通して，男性に家事時間

があると結婚を意図する傾向が強まることが明らかになった。

他に明らかになったこととして，第1に全般的に，女性の方が男性よりも結婚の条件が厳しく，女性は相手の男性が年収200万円では，結婚を意図しないことがほとんどであった。第2に，男性の年収が600万円の時，女性は結婚を望み，正社員で働こうとは思わないが，男性は自分の年収が600万円であっても，女性に正社員で働いてほしいと考えた。第3に，男性の年収が600万円の時，結婚を意図しない男性がわずかに増加した。

この研究からは，男性よりも女性の方が，「男は稼ぐべき」というジェンダー・ステレオタイプが強いといえる。研究紹介3-1の「割り勘問題」で女子学生がみせた「太っ腹」は，家庭に入るとなし崩しになるということであろうか。ただし現実は，大学生たちが考えるほど若年層の男性は稼いでおらず，そのため皮肉にも，高収入の男性と結婚したい性別役割分業志向の女性ほど，結婚から遠ざかることになる。結婚しなければ経済的に自立できずに，結婚相手に依存しないと生活していけないように女性を追いこみ，しかもその結婚が幻想でしかないような現状のままでは，非婚化，晩婚化，離婚率は上昇し続けるであろう。

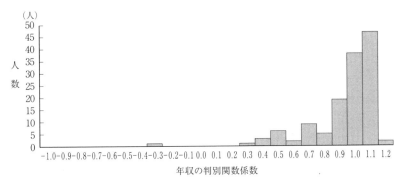

図3-8 年収の判別関数係数の分布（女性対象者）

注：係数が高い者ほど，年収が高いことが結婚意図に結びついていることを示す。
出所：Dohi et al.（2016）.

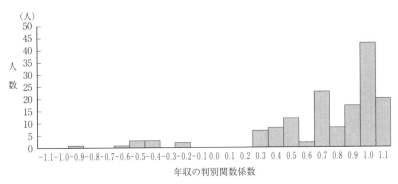

図3-9 年収の判別関数係数の分布（男性対象者）

注：係数が高い者ほど，年収が高いことが結婚意図に結びついていることを示す。
出所：Dohi et al.（2016）.

2018年夏，東京医科大学で，女子受験生の試験の得点を一律に減点し，合格者数を抑えていたことが発覚した。そして他大学の医学部においても同様の点数操作が判明した。また種部（2017）が，大学の学部別の合格率の男女比を算出したところ，医学部の女性の合格率だけが顕著に低くなっており，他大学でも同様の女性差別の可能性があることが疑われている。

同医科大学では，医師国家試験に合格した同大出身者の大半は，系列の病院で働くことになるのだが，女性医師は結婚や出産や育児で休職・離職することがあり，医師不足を引き起こすことになるので，女性を増やさない方がよいという暗黙の了解があったと大学が認めた。こうした言い訳をするところをみると，大学は，差別行為のさしたる自覚などなく，あるいは自覚があったとしても罪悪感はなく，合理的に考えた末の行いだという考えなのだろう。しかしこれは，問題のすり替えである。女性が出産や育児で休職・離職せざるをえない環境をつくっておきながら，まるでそれは女性自身が原因であるかのようにみなしているからである。

また，典型的な「統計的差別」にも該当する。すなわち，医学部卒の女性は病院で医師として勤務する際，休職や離職の可能性が男性より高いという過去の統計があるから，その後に医師となるすべての医学部の女性全体に対しても，休職や離職の可能性が高いと判断しても許されると考えている。

医科大学や病院は，女性差別をすることで，本来であれば合格したはずの女性，仕事を続けていたはずの女性を失っている。そして，不合格になっていたかもしれない男性医師に医療行為をさせているのである。

残念ながら，こうした差別の現状はすぐには変わらないであろう。しかしながら，このような状況にあっても，これから医学部を目指す女子高校生には，親や高校の先生などの反対にも負けず，自分の意志を貫いてほしい。「黄金の3割」といわれるように，医師の3割を女性が占めるようになれば，医学界を取り巻く環境も，少しは改善するだろう。そのための先導役になってもらいたい。女性の患者の多くは，女性の医師に診てもらいたいと思っているのではないだろうか。また，現役の女医たちは，夫にもっと家事・育児を分担させ，さらに外部委託もしてはどうだろう。医師は高収入を得ているのだから，人に任せられる家事・育児は，可能な限りベビーシッターや家事代行業を雇い，よい意味でのエリート意識をもち仕事を続け，休職・離職の「実績」を打ち消してほしい。

コラム
3-2

女性専用車両について考えてみよう

　内閣府（2000）の「男女共同参画社会に関する世論調査」では，「女性の人権が尊重されていないと感じるのは，どのようなことか」という質問に対して，男女ともに最も多かった回答は「痴漢行為」（女性36.9％，男性29.6％）であった。また，国土交通省（2003）が2002年に首都圏で行った「女性の視点から見た交通サービスに関するアンケート調査」では，男女合わせて約5,000人の回答のうち，痴漢等迷惑行為対策として女性専用車両導入に賛成した割合は，女性で8割弱，男性で7割弱であった。

　こうした状況をふまえ，女性専用車両は，女性を性的対象としかみられず，性的欲求の暴走を制止できない，未熟で人権意識のない男性が起こす痴漢犯罪を少しでも防止する暫定的な措置として，2005年から多くの路線で新規導入と設定範囲の拡充が図られた。ここまでしないと痴漢がなくならないのが，現在の日本社会なのである。これにより，女性も少しは安心して電車に乗れるようになったであろうか。すっかり定着したところをみると，必要悪なものではあるが，役に立っているのだろう。

　ところで，女性にばかり専用車両があるのは逆差別であるという主張がある。しかしそれは見当はずれである。女性専用車両は，こうでもしないと女性が犯罪に巻きこまれるので，仕方なく設けられたものだからである。女性だけの方が快適だから，などといった理由で設置されたものではない。

　ただ，ここで問題なのは，女性専用車両が必須のものとして定着すると，男性なら誰でも皆痴漢をする可能性のある「容疑者」とみられて当然，という意識が生じかねないことである。痴漢をしようなどとは毛頭考えてもいない男性まで，ひとくくりにされてしまう。極端な場合，痴漢の冤罪被害に遭う男性も出てくるのである。現実に，それにより自殺に追いこまれた事件も発生した。これでは，かえって男女のカテゴリーを強調し，男女間に敵対意識を植えつけかねない。

　なぜ痴漢がこれほどまでに多いのか，痴漢をする犯罪者は，心の中で何を言い訳に犯行に及ぶのか，男女別にせざるをえない現状をどう考えればいいのか，その社会的背景も含めて広く考えるべきであろう。その中で，具体的に「女性専用」として男女を分ける必要性や，痴漢を防止するためのより効果的な手段，痴漢犯罪者への処罰といった問題に向き合い，ジェンダー・センシティブ（敏感さ）になることが，我々には求められている。

日本的な自己観のせいではないだろうか。日本人は，役割上，経済的・社会的利便上，個として自立しなくても，夫婦として生活が成り立っていれば構わない，自尊感情を高く保てると考えるのである。実のところは，日本の夫婦はジェンダー化により，異性の相棒がいなくては生きていけないように，いわば半人前の人間になるようにさせられている。そうしておいて半人前の2人は，一心同体でようやく社会で一人前になるために，親密な関係になり，その先には結婚が当然視される。そしてそれが，結局は自分たちのために最適であると思わされているようである。

引用文献

赤澤淳子（1998）．恋愛後期における性別役割行動の研究　今治明徳短期大学研究紀要, *22*, 47-63.

Always（2015）．#LikeAGirl　https://www.youtube.com/watch?v=XjJQBjWYDTs（2021年11月16日閲覧）

男女共同参画局（2019）．共同参画　2019年12月号　https://www.gender.go.jp/public/kyodosankaku/2019/201912/201912_02.html（2020年12月18日閲覧）

デビッド・ノッター（2007）．純潔の近代——近代家族と親密性の比較社会学　慶應義塾大学出版会

Diener, E., Diener, C., & Diener, M. (1995). Factors predicting the subjective well-being of nations. *Journal of Personality and Social Psychology, 69*, 851-864.

Diener, E., & Diener, M. (1995). Cross cultural correlates of life satisfaction and self-esteem. *Journal of Personality and Social Psychology, 68*, 653-663.

土肥伊都子（1995）．性役割分担志向性・実行度および愛情・好意度に及ぼす性別とジェンダー・パーソナリティの影響　関西学院大学社会学部紀要, *73*, 97-107.

土肥伊都子（1997）．男女共生社会をむかえて　鳥山平三・松谷徳八・藤原武弘・土肥伊都子（共著）　人間知——心の科学（pp. 19-34）　ナカニシヤ出版

土肥伊都子（2000）．恋愛，そして結婚　藤田達雄・土肥伊都子（編著）　女と男のシャドウ・ワーク（pp. 1-18）　ナカニシヤ出版

土肥伊都子（2006）．飲酒の勘定額にみるジェンダー・ステレオタイプ——女性性・男性性との関連　神戸松蔭女子学院大学・短期大学学術研究会紀要, *47*, 61-77.

土肥伊都子（2009）．お勘定の額にみるジェンダー・ステレオタイプ(2)——共同性・作動性および診断比との関連　日本心理学会第73回大会発表論文集，1382.

土肥伊都子（2011）．家族内のジェンダーの社会化に関する実証的検討——世代間の関連ときょうだい構成に注目して　家族心理学研究，*25*，1-12.

土肥伊都子（2020）．お勘定の額にみるジェンダー・ステレオタイプ(3) ——2006年，2009年との比較検討　日本心理学会第84回大会発表抄録集，229.

Dohi, I., Ueno, J., Aono, A., & Sato, N. (2016). A simulated experimental study on spouse selection. *The 31th International Congress of Psychology* (Yokohama, Japan).

Eagly, A. H. (1987). *Sex differences in social behavior: A social-*role *interpretation.* Hillsdale, NJ: Erlbaum.

Eagly, A. H., & Wood, W. (2011). Social role theory. In P. van Lange, A. Kruglanski, & E. T. Higgins (Eds.), *Handbook of Theories of Social Psychology.* Vol. 2 (pp. 458-476). Beverly Hills, CA: Sage.

遠藤由美（1997）．親密な関係性における高揚と相対的自己卑下　心理学研究，*68*，387-395.

衛藤幹子（2005）．家父長制とジェンダー分業システムの起源と展開——「男性支配」体制（レジーム）はいかにつくられたのか　法学志林，*103*，1-58.

藤田由美子（2008）．テレビ・アニメ番組と子どものジェンダー——男らしさ・女らしさを学ぶ　柏木惠子・高橋惠子（編）　日本の男性の心理学（pp. 80-86）　有斐閣

濱口惠俊（1977）．「日本らしさ」の再発見　日本経済新聞社

伊田広行（1995）．性差別と資本制——シングル単位社会の提唱　啓文社

岩井八郎（2002）．ライフコース論からのアプローチ　石原邦雄（編）　家族と職業（pp. 37-61）　ミネルヴァ書房

Kitayama, S., & Uchida, Y. (2003). When implicit and explicit self-evaluations fail to converge: Evaluating self and friend in two cultures. *Journal of Experimental Social Psychology, 39*, 476-482.

国土交通省（2003）．女性専用車両路線拡大モデル調査報告書　https://www.mlit.go.jp/kisha/kisha03/15/151209/02.pdf（2021年2月27日閲覧）

国立社会保障・人口問題研究所（2021）．人口統計資料集（2021年版）　http://www.ipss.go.jp/syoushika/tohkei/Popular/P_Detail2021.asp?fname=T06-23.htm（2021年11月16日閲覧）

厚生労働省（2017）．平成28年度　人口動態統計特殊報告「婚姻に関する統計」　http://

www. mhlw. go. jp/toukei/saikin/hw/jinkou/tokusyu/konin16/dl/gaikyo. pdf（2021年 2 月27日閲覧）

國吉知子（2015）．母と娘――その光と闇　女性学評論, *29*, 24-49.

前田健太郎（2019）．女性のいない民主主義　岩波書店

Markus, H. R. & Kitayama, S. (1991). Culture and the self: Implications for cognition, emotion, and motivation. *Psychological Review, 98*, 224-253.

牟田和恵（1996）．戦略としての家族　新曜社

内閣府（2000）．男女共同参画社会に関する世論調査　https://survey.gov-online.go.jp/h11/danjyo/2-1.html（2021年 2 月27日閲覧）

内閣府（2009）．第 8 回世界青年意識調査報告書　https://www8.cao.go.jp/youth/kenkyu/worldyouth8/html/2-1-1.html#1（2020年12月20日閲覧）

内閣府（2015）．女性の活躍推進に関する世論調査の概要　共同参画　2015年 2 月号　https://www. gender. go. jp/public/kyodosankaku/2014/201502/201502_03. html（2021年 2 月27日閲覧）

内閣府（2016）．男女共同参画社会に関する世論調査　https://survey.gov-online.go.jp/h28/h28-danjo/index.html（2021年 2 月27日閲覧）

内閣府（2019）．男女共同参画社会に関する世論調査　https://survey.gov-online.go.jp/r01/r01-danjo/4.html（2021年11月16日閲覧）

中間玲子（2013）．自尊感情と心理的健康との関連再考――「恩恵享 受的自己感」の概念提起　教育心理学研究, *61*, 374-386.

中根千枝（1967）．タテ社会の人間関係　講談社

落合恵美子（2019）．21世紀家族へ――家族の戦後体制の見かた・超えかた　第 4 版　有斐閣選書

大沢真理（2013）．生活保障のガバナンス　有斐閣

Pliner, P., & Chaiken, S. (1990). Eating, social motives, and self-presentation in women and men. *Journal of Experimental Social Psychology, 26*, 240-254.

最高裁判所（2016）．司法統計　平成28年度　「離婚」の調停成立又は調停に代わる審判事件のうち未成年の子の処置をすべき件数―親権者別―全家庭裁判所　https://www.courts.go.jp/app/files/toukei/313/009313.pdf（2020年12月20日閲覧）

Sainsbury, D. (1996). *Gender, equality, and welfare states*. Cambridge: Cambridge University Press.

千田有紀（2011）．日本的近代家族――どこから来てどこへ行くのか　勁草書房

田中重人（2000）．性別分業を維持してきたもの――郊外型ライフスタイル仮説の検討

盛山和夫（編）　ジェンダー・市場・家族　日本の階層システム4（pp. 93-110）
東京大学出版会

田中東子（2012）．メディア文化とジェンダーの政治学――第三波フェミニズムの視点
から　世界思想社

種部恭子（2017）．女性医師を「増やさない」というガラスの天井――医師・医学生の
女性比率に関する分析①　http://www.jampwomen.jp/topics/topics02.html
（2021年7月18日閲覧）

内田由紀子（2008）．日本文化における自己価値の随伴性――日本版自己価値の随伴性
尺度を用いた検証　心理学研究, *79*, 250-256.

若桑みどり（2003）．お姫様とジェンダー――アニメで学ぶ男と女のジェンダー学入門
筑摩書房

（読者のための参考図書）

藤田達雄・土肥伊都子（編著）（2000）．女と男のシャドウ・ワーク　ナカニシヤ出版
　＊夫婦や恋人といった親密な男女間にある，社会からは陰になった部分の，カップル
　　としての心理・人間関係をシャドウ・ワークとし，これがジェンダー社会に少なか
　　らぬ影響を及ぼしていることを解き明かしている。

柏木惠子・高橋惠子（編）（2008）．日本の男性の心理学――もう1つのジェンダー問題
有斐閣
　＊ジェンダー化した社会は，従来，女性の問題とされがちであったが，実は男性の問
　　題でもある。家庭や職場，臨床などの場面についての複数の実証的研究を論拠とし
　　て，これを深く掘り下げて議論している。

落合恵美子（2019）．21世紀家族へ――家族の戦後体制の見かた・超えかた　第4版
有斐閣
　＊初版（1994年）発行から四半世紀の間，現代の日本は，男性稼ぎ主―女性主婦型の
　　近代家族，すなわち「家族の戦後体制」が縮んだ形で存在し続けた。しかもその一
　　方で，そこから脱落した，不安定な雇用と不安定な家族が増え続けている二重構造
　　が生じ，個人単位の社会制度は実現していないと指摘している。

山口慎太郎（2019）．「家族の幸せ」の経済学　光文社
　＊筆者の専門である経済学と，自身の子育て経験に基づき，家族の幸せのためには，
　　ジェンダーが鍵となることを説いている。

第4章

ジェンダー・ステレオタイプによって維持される社会

　これまでみてきたように，21世紀に入ってからもう20年以上が経つのに，日本の社会には依然として大きなジェンダー格差が残り続けている。なぜジェンダー格差はなくならないのだろうか。格差維持には，人々がステレオタイプに沿ってふるまったり，ステレオタイプに反する人を罰したりするといったように，ステレオタイプの働きが大きく関わっている。そして何より，私たちには安定した社会で暮らしたいという気持ち，つまり，現状を維持したいという動機が備わっている。本章では，社会心理学の理論や研究をもとに，ジェンダー・ステレオタイプがどのように格差維持に関わっているのかを考えてみよう。第1節では，ステレオタイプによってどのように現実がつくられているのか，第2節では，差別や偏見のしくみ，第3節では，格差社会が維持されるしくみについて説明する。

第1節　ステレオタイプが現実をつくる

自己成就予言としてのステレオタイプ

　とても古い映画だが，亡きオードリー・ヘップバーン主演の『マイ・フェア・レディ』は，貧しい花売り娘が，言語学を専門とする大学教授に，上流階級のレディとしての教育を受けたり，周囲からレディとして扱われたりすることで，本物のレディになるという物語である。この映画の原作はバーナード・ショウの『ピグマリオン』である。

　ピグマリオンはギリシア神話に登場するキプロス島の王で，趣味は彫刻。彼は自分でつくった女性像に恋い焦がれてしまう。その像が人間になるようにと祈り続けたところ，哀れに思った愛の女神がその願いを叶え，彫刻に命を吹きこんだという。この物語のように，何かを信じ願い続ければ，やがてそれが現実のものになることを「ピグマリオン効果（Pygmalion effect）」と呼ぶ。

　ピグマリオン効果は，心理学や社会学では「期待効果（expectancy effect）」や「予言の自己成就（自己成就予言：self-fulfilling prophecy）」とも呼ばれる。他者に対してある期待（予言）をもつと，意識的あるいは無意識的に，その期待に沿った言動を他者から引き出すようになり，期待が現実のものとなるのである。まるで予言が自ら成就したようにみえる。なお，ここでの期待は，他の人を「おもしろい人だ」「怖い人だ」と思ったり，他者の将来について「立派な人になるだろう」「大した人間にはならないだろう」と思ったりすることである。たとえば，皆さんがある人に対して「親切な人だ」と思うと，困っている時にその人に助けを求めるだろう。すると，その人はあなたを助けてくれ，あなたの期待通りの「親切な人」になるのである。たとえ，もともとは困っている人を自発的に助けるような人でなくても。そして，私たちは，他者に対する期待だけではなく，自分に対する期待ももっているので，それが現実のものになることもある。

　この期待の内容にはステレオタイプも含まれている。ある集団に所属してい

る他者について，その集団のステレオタイプをあてはめることがある。たとえ
ば，「あの学校の生徒はだいたい真面目だから，この生徒も真面目だろう」と
いうように。そして，その個人が期待をもたれることでその通りになってし
まったら，ステレオタイプは自己成就したことになる。つまり，ステレオタイ
プは自己成就予言としての機能をもっているのである。さらに，行為者自身が
自分の所属する集団のステレオタイプを喚起してしまうことで，自らステレオ
タイプ通りの言動をとるようになるということもある。次に紹介するステレオ
タイプ脅威は，自らステレオタイプ通りに行動してしまう例である。

ステレオタイプ脅威

　米国の社会心理学者スティール（Steele, 2010）は，高校時代には優秀な成績
をとっていたアフリカ系アメリカ人が，大学進学後に脱落していく様子をみて，
その原因の一つにステレオタイプがあると考えた。大学でマイノリティになっ
たアフリカ系アメリカ人の学生は，自分の肌の色と結びつけられた「あまり知
的ではない」というステレオタイプと戦う必要があったのである。

　自分が所属する集団に対するステレオタイプに基づいて判断されるような状
況を，「ステレオタイプ脅威（stereotype threat）」と呼ぶ（Spencer, Steele, &
Quinn, 1999）。たとえば，数学のテストを受ける時に，女性であることを意識
させるとどうなるのか。ダ・ニムロドとヘイネ（Dar-Nimrod & Heine, 2006）は，
女性大学生にまずエッセイを読ませ，その後に数学のテストを受けさせた。
エッセイの中には，女性であることを強く意識させるものや，数学の学力に性
差はないことを伝えるものなどがあり，参加した女性はその中の一つを読むよ
うになっていた。実際にテストを行った結果，女性であることを意識させられ
た条件の女性の成績は，学力に性差はないといわれた条件の女性の成績よりも
低かった。エッセイによって女性であることを意識させられた女性は，「女性
は数学が苦手」というステレオタイプがもたらす脅威にさらされてしまったと
考えられる。ステレオタイプ脅威にさらされた彼女たちの中には，ステレオタ
イプ通りになるのではないかといった不安や，逆に，ステレオタイプ通りに

なってはいけない，ステレオタイプを気にしてはいけないといった考えなどが生じるのであろう。そして，そのことで認知資源が使われてしまい，本来であれば目の前のテストに集中すべき状況なのに，それができなくなり，結局，悪い点をとってステレオタイプ通りになるというプロセスが考えられる。

　これまで，女性と数学を扱ったステレオタイプ脅威に関する研究がたくさん行われてきた。ステレオタイプ脅威は，数学のテストを実施する前に，性差の有無についての説明を聞くというものもあれば，ジェンダー・ステレオタイプ的なテレビのコマーシャルをみるといった方法も用いられている。こうした研究でわかったのは，数学の能力には男女差があると明確に伝えるよりも，テスト実施前に性別をたずねるような微妙な方法の方が，ステレオタイプ脅威の効果が大きいことである（Nguyen & Ryan, 2008）。微妙な方法の方が漠然とした不安を高め，認知資源をたくさん消費してしまうのだろう。なお，こうしたステレオタイプ脅威の効果は，特に数学に価値を置いている女性の中でみられるという。

　このように，ステレオタイプは個人の行動に悪い影響を与え，現実のものになる危険性をもっている。それを防ぐにはどうすればよいのだろうか。これまでの研究から示されているのは，「このテストに性差はない」というような明確な教示があると，ステレオタイプ脅威の影響を受けにくいということである（Nguyen & Ryan, 2008）。こうした明確な教示によって，ステレオタイプが喚起されないか，あるいはステレオタイプが喚起されてもステレオタイプ脅威による認知資源の減少が抑えられ，目の前のテストに集中できるようになるのだろう。ステレオタイプを明白に取り除けるような状況をつくり出すことが，その悪影響を除く方法として有効だと考えられる。

私は部外者？──「理系は男性」というステレオタイプ

　日本では，大学で理学や工学などのいわゆる「理系」といわれる分野に進学する女性は少ない。2022年4月に入学した学生では，理学部の29％，工学部の16％が女性である（文部科学省，2022）。海外でも同様で，STEM（Science,

Technology, Engineering and Mathematics）と呼ばれる分野で学ぶ女性は少ない。たとえばカナダでは，STEM 分野で学ぶ大学生の中で女性の占める割合は37.8％（2017～2018年）である（Catalyst, 2020）。

　こうした性差が生まれる原因の一つに，「理系は男子，文系は女子」というステレオタイプがあると考えられる。ミラーら（Miller, Eagly, & Linn, 2015）は，ハーバード大学の IAT テストのサイト（https://implicit.harvard.edu/implicit/japan/）で集まった66カ国の回答をもとに，各国のステレオタイプの強さと理系分野を専攻する女性学生の割合の関連を検討した。ここで使われたステレオタイプは，「人文学と女性，科学と男性」を結びつけるものであり，このステレオタイプが強い国ほど，理系分野専攻の女性の割合が少ないことが見出されている。この時使われたステレオタイプは顕在的なものと潜在的なものの両方であり，両方とも同様の結果が得られている。なお，IAT については第2章を参照してほしい。

　ステレオタイプの間接的な影響を考えてみよう。ここで，部活やサークルを想像してほしい。そこでの活動を頑張ることができるのは，一つには，その集団に受け入れられているという気持ちがあるからだろう。これは心理学では「所属感（sense of belonging）」と呼ばれるものであり，あるコミュニティのメンバーとして受け入れられ，自分の存在や貢献の価値が認められているという個人の信念である。部活やサークルだけでなく，授業や大学での専攻でもこの所属感は重要である。高校生にコンピュータ関係の授業を履修するかどうかをたずねる際に，コンピュータの部品やテクノロジー関係の雑誌などが並んでいる教室の写真と，自然風景の写真や植物などが並んでいる教室の写真のどちらかを添えたところ，男子生徒は写真の影響を受けなかったが，女子生徒は，自然風景の写真などが並んだ教室をみた方がコンピュータの授業に関心を高くもったという（Master, Cheryan, & Meltzoff, 2016）。コンピュータの部品やテクノロジーの雑誌などをみると，コンピュータ・サイエンスと男性が結びついたステレオタイプが喚起され，女子生徒に「コンピュータの授業は男子が中心」「私たちはコンピュータの授業に受け入れられないかもしれない」という感覚

が強まったためと考えられる。

　ところで，「文系は女性」のステレオタイプがあるにもかかわらず，文系に含められる学問の中にも女性が少ない分野がある。たとえば，哲学や政治学，経済学などである。米国での研究ではあるが，たとえば，哲学のように，哲学特有の頭のよさがあるという信念が強くもたれている分野では，博士号をとった女性の割合は低い（Leslie, Cimpian, Meyer, & Freeland, 2015）。また，頭のよさは，男性と結びつけられたステレオタイプの一つである。最近では，こうしたステレオタイプは弱くなり，平均的な頭のよさに性差はないと思われるようになったが，天才的な頭のよさは，依然として男性と結びつけられているという（Storage, Charlesworth, Banaji, & Cimpian, 2020）。つまり，天才は男性に多いという思いこみは今も残っているのである。

多元的無知──他の人は皆「らしさ」が重要だと思っている

　あなたは，「自分は『男は男らしくしなければいけない』とは思わないけど，他の人は『男は男らしくしなければいけない』と思っているだろうな」と思ったことはないだろうか。そして，もし，あなたの周りにいる多くの人が同じように思っていたらどうだろう。これは，「多元的無知（pluralistic ignorance）」と呼ばれるもので，社会の中で多くの人たちが，自らはある考え（規範や信念など）を受け入れていないにもかかわらず，周囲にいるほとんどの人はその考えを受け入れていると信じている状態である。これはジェンダー・ステレオタイプにもあてはまるだろう。たとえば，自分は「男性が女らしさ（共同性）を高くもっているのは変だ」とは考えていないが，自分の友だちは共同性の高い男性のことを変だと思っているのではないかと考えたり，自分はそう思ってはないのだが，周囲の人は痩せている女性の方が魅力的だと思っていると考えたりするといったことである。そして，人々は他人の考えに合わせようとして，無理に共同性を抑えたり，頑張って痩せようとしたりしているのかもしれない。

　企業で働く人がなかなかフレックスタイム制を利用しなかったり，男性が育児休業をとろうとしたりしないのも，多元的無知が働いている可能性がある

（宮島・山口，2018）。たとえば，「自分は男性の育休取得に賛成だけど，職場の人たちは男性の育休を嫌がっている」と多くの男性が思っているならば，男性が育児休業をとるのはなかなか難しいだろう。

バックラッシュ効果——ステレオタイプに反する人への罰

　女性管理職がなかなか増えないのはなぜだろうか。2つのハードルに分けて考えてみよう。まず，同程度の能力でも，男性に比べると女性の能力は低く評価される傾向があり，そのために採用されなかったり昇進をはばまれたりする。これは「女性は能力が低い」というステレオタイプのせいだと考えられる。これが第1のハードルである。

　女性の能力が低く評価されるような職場で女性がリーダーの地位を得るには，男性以上の努力が必要になる。しかし，努力の末にようやく高い評価を得られるようになっても，新たな困難が待ち構えている。それは，「彼女は有能だけど，嫌な女だ」という評判である。これが第2のハードルで，「バックラッシュ効果（backlash effect）」と呼ばれるものである。バックラッシュ効果とは，ステレオタイプから逸脱することで，社会的・経済的な罰を受けることである（Rudman, 1998）。

　なぜ有能な女性は嫌われるのだろうか。それは作動性の高い人がもっている可能性のある，支配性や強引さという特徴のせいだと考えられる。時にリーダーは，反対意見をもつ人たちが多い中で意思決定をしなければならないことがある。そうした行動は支配的か強引とみられたりする。こうした支配性や強引さは，男性が有している場合にはそれほど問題にはならないのだが，女性の場合にはバックラッシュを受けるようになる。

　ここで，規範的なジェンダー・ステレオタイプを2種類に分けてみよう（表4-1）。たとえば，男性の「リーダーシップ」は女性の「リーダーシップ」よりも強く望まれるといったように，どちらかの性別に望ましいとされる程度が強いもの（促進指向的特性；prescriptions）と，女性の「強引さ」は男性の「強引さ」よりも望ましくないとされるといったように，どちらかの性別に望まし

表 4-1　促進指向的特性と抑制指向的特性

	促進指向的特性	抑制指向的特性
女性にとって	従順である 繊細である 愛想がいい	強引である 冷たい 皮肉っぽい
男性にとって	リーダーとしての能力を備えている ビジネスセンスがある 積極的である	気弱である 恥ずかしがり屋である 世間知らずである

出所：倉矢（2016）をもとに筆者（森永）作成。

くないとされる程度が強いもの（抑制指向的特性；proscriptions）である（Rudman, Moss-Racusin, Phelan, & Nauts, 2012）。そして，バックラッシュは，抑制指向的特性をもっていると認知されることによって生じる。ここで注意してほしいのは，「リーダーシップ」は，男性にとっては促進指向的特性だが，女性にとっては決して抑制指向的特性ではないことである。つまり，女性がリーダーシップを発揮しても，リーダーとしての能力は評価される。女性リーダーがバックラッシュを受けるのは，「強引だ」とみなされる時である。「強引さ」は女性にとって抑制指向的特性になる。しかし，男性にとっては抑制指向的特性ではなく，強引な男性リーダーは許容される。

　バックラッシュはステレオタイプに反することで受けるものであり，女性だけでなく男性にも与えられる。男性が女性と同じくらい謙虚にふるまっていると，「弱い男だ」と思われてしまい，バックラッシュを受ける。それは「弱い（気弱）」という特性が低地位者の特徴であり，男性にとっての抑制指向的な特性だからである。

　そもそも，バックラッシュとはいったい何なのだろうか。ラドマンら（Rudman et al., 2012）は，地位不一致仮説を主張している。それによると，現代の社会の中で，女性は男性よりも地位が低いにもかかわらず，リーダーになった女性やリーダーを目指す女性は，本来は高地位者（男性）にふさわしい特性をもつようになり，地位が不一致な状態を生み出す。人々は，こうした地位の序列を乱すような個人を罰することで，ジェンダー格差のある現状を維持

しようとしているという。つまり，バックラッシュは現状維持の機能をもっている。女性がバックラッシュを受けるのを恐れたり，あるいは，実際にバックラッシュを受けたりして，昇進を諦めたり退職したりすると，女性リーダーは少ないままである。そして，強引という印象をもたれないように，女性リーダーの中には愛想よくふるまう人もいるだろう。そうなれば，リーダーとしての資質が疑われる危険性もあるし，女性のステレオタイプがますます強固になる可能性もある。

統計的差別——統計に基づいた判断ではあるけれど

　働く男女には様々な違いがある。たとえば，出産で退職する人や管理職についている人の割合，勤続年数などである。こうした違いはなぜ生まれるのだろうか。それを考える手がかりの一つが「統計的差別（statistical discrimination）」である（山口，2017）。たとえば，ある組織で働く女性社員と男性社員が管理職候補になったとしよう。2人は同時期に入社し，能力も意欲も職務経験もほぼ同じであり，昇進試験もほぼ同レベルの結果だった。しかし，管理職に昇進できるのは1人である。そして，その組織には女性よりも男性のほうが勤続年数が長いという統計データがある。組織の上層部が長く働き続ける人を求めているならば，過去の勤続年数のデータをもとに，男性を管理職に昇進させる可能性が高い。この選択は，組織にとっては過去の統計データに基づいたものであり，合理的な判断だと主張できるかもしれないが，集団についての情報を個人にあてはめており，その女性個人に対しては差別的な処遇になる。

　しかし，こうして統計データに基づく差別を受け，昇進できなかった女性の立場から考えると，能力も意欲もあるのに，なぜ自分が選ばれなかったのかと悩むのではないだろうか。そのことでもし，働く意欲を失ったら，その組織を辞めてしまうかもしれない。こうして女性が退職したら，選抜の判断のもとになった統計データを支持することになる。これは，統計データが予言となり，それが自己成就しているとも考えることができる。

　統計的差別の結果として女性が退職すれば，差別のもとになった統計データ

は変更されず，もしかしたら勤続年数の性差がもっと大きくなってしまう可能性もある。そして，その統計データをもとに組織が同じような選択を続けていけば，やがてその組織からは女性が姿を消していくという可能性もあるかもしれない。

自分の価値——自分はそれに値しないという感覚

　かなり以前のものだが，メイジャーら（Major, McFarlin, & Gagnon, 1984）が行った研究を紹介しよう。彼女らは，男女大学生に20分間の作業をさせた後，4ドルを渡し，その作業に見合った賃金を4ドルの中から自分でとってもらうという実験を行った（実験1）。その結果，男性は平均で3.18ドル，女性は平均で1.95ドルをとっていたという。なお，参加者がどのくらいのお金をとるかは誰にもみられないようになっていた。また，メイジャーらの実験2では，参加者に対して作業前に4ドルを渡し，それに見合うだけの作業をしてほしいと伝えたところ，女性の方が男性よりも長く正確に作業をするという結果が得られた。この時も，各自の作業については誰にもみられていないという状況がつくられていた。誰にもみられていないということは，この結果は，女性が誰かの目を気にして，低賃金を選んだり，長時間の作業を行ったりしたわけではないことを意味する。こうしたジェンダー差は他の研究でも確認されている。どうやら，女性は男性よりも「自分はそれに値する」という感覚が低く，仕事にまつわる自分の価値を低めに見積もってしまっているようだ。

　なぜ女性は自分の価値を低く考えてしまうのだろうか。ある仕事に対してどのくらい貢献したかというインプットに応じて，報酬や給料などのアウトカムがあるのが通常だ。しかし，私たちは，ある人のアウトカムからその人のインプットを推測してしまう傾向があり，給料（アウトカム）が高ければ，能力やスキル（インプット）も高いと思ってしまうようだ（O'Brien, Major, & Gilbert, 2012）。そして，日本の男女の平均賃金（一般労働者の場合，女性は男性の7割程度）（内閣府男女共同参画局，2020）に示されているように，男性の給料は女性よりも高いことが多い。子どもの頃からそうした情報にふれ続けていると，男性

の方が優秀であるというステレオタイプを学習してしまうのかもしれない。そのため，女性は男性と同じような仕事をしながら，男性よりも低い地位や賃金で満足するようになってしまっているのかもしれない。

この点を発達的に検討した研究がある。アーノルドとマコーリフ（Arnold & McAuliffe, 2021）は，4歳から9歳の子どもに作業をしてもらい，その報酬として，実験者に対してステッカーを何枚要求するかという実験を行った。その結果，女の子の場合，実験者の性別が影響し，年齢が上がるとともに男性実験者に対しての要求枚数が少なくなる一方で，女性実験者に対しては要求枚数が多くなったが，男の子の場合には，実験者の性別は影響しなかったという。これは，子どもたちが，男性と優秀さを結びつけたステレオタイプと同時に，女性よりも男性の方が社会的地位が高いということを学習するためではないかとアーノルドらは考察している。この研究は米国で行われたものであるが，日本の子どもたちも，発達とともにジェンダーに関するステレオタイプや社会的地位を学んでいることが考えられる。

第2節　ステレオタイプと偏見・差別

今日の偏見・差別の特徴

一般に，偏見とは，ステレオタイプに感情あるいは評価的感情が伴ったものであり，差別とは，ステレオタイプや偏見が観察可能な行動として表れるものをさす。たとえば，「女性は論理的に考えられない」というステレオタイプに軽蔑といった感情的要素が入ると偏見，女性は論理的に考えるのが苦手だからこの仕事に向かないとみなされて，就職試験で不採用になると差別である。

時代が変わると人々の価値観や行動は変わるが，偏見や差別も時代とともに変わる。かつては憎しみや蔑みがそのまま言葉や行動に出ることが多く，それらは現代では明らかに差別だとわかるものだ。また，制度的な差別も存在していた。たとえば，1960年代の日本には，定年を男女別に決め，男性は55歳，女性は30歳にしている企業もあった。あるいは，女性は結婚したら退職を強要さ

れる職場もあり，結婚後も働き続けようとする女性に対して，遠方への転勤や机の移動などの嫌がらせが続いたという。こうしたあからさまな差別は，もちろん今でも存在しているのだが，人々の人権意識の高まりとともに，だんだんと表に出せなくなってきた。その一方で，巧妙で，時に差別だと判断するのが難しいような差別が増えている。その代表的なものが「現代的性差別主義（modern sexism）」と「両面価値的性差別主義（ambivalent sexism）」といわれるものである。

　現代的性差別主義は，人種や民族に対する現代的人種差別主義（modern racism）と類似した信念である。ここでは，高（2015）を参考に，まず現代的人種差別主義を説明しよう。現代的人種差別主義は，「現代社会にはもはや黒人に対する偏見や差別は存在していない，したがって白人と黒人の間にあるいろいろな格差は，黒人が努力しないことによって生じたものである，それにもかかわらず，黒人は差別に抗議し過剰な要求を行い，本来得るべき以上の特権を得ている」といった信念である。確かに，米国では，肌の色によってバスの席や住む場所などが決められていた時代に比べれば，肌の色に基づくあからさまな差別は減っており，一見，社会制度としての差別はなくなったようにみえる。しかし，賃金や学歴などにおけるヨーロッパ系アメリカ人とアフリカ系アメリカ人の格差は依然として大きい（たとえば，Business Insider, 2020）。現代に差別はないと唱える人からみると，こうした賃金格差は個人の努力が足りないために生じていると解釈できるのだろう。しかし，すでに本書でも述べてきたように，様々な形の障壁が今も存在しているために格差が生じていると考えるべきであろう。

　女性に対する現代的性差別主義は，現代的人種差別主義と類似した信念である。つまり，「女性に対する差別はもはや過去のものであり，男女は平等になったにもかかわらず，女性は差別されていると主張し，優遇されている」というものだ。そして，こうした信念が強い人は，女性たちが，まだ差別が十分解消されていないと主張したり，差別是正のために経済的・社会的要求をしたりすると，そうした女性に対して嫌悪感をもったり，ポジティブ・アクション

や女性専用車両（第3・6章参照）などのように，女性が優遇されることに対して不満を感じたりするのである（Swim, Aikin, Hall, & Hunter, 1995; 宇井，2008）。

両面価値的性差別主義

　現代にみられるようになった性差別主義としてもう1つ挙げられるのが，両面価値的性差別主義である（Glick & Fiske, 1996）。これは，女性に対する性差別主義を，敵意的なもの（hostile sexism）と好意的なもの（benevolent sexism）の2つに分けるものだ。敵意的性差別主義は女性に対する嫌悪や憎しみを表出したものであり，一方，好意的性差別主義は，女性は弱いので守られなければならない，女性には女性にしかない素晴らしい特性があるといった，一見したところではポジティブに思える態度である。表面的には好意的にみえる好意的性差別主義だが，その根底には，敵意的性差別主義と共通した女性に対するネガティなステレオタイプがある。実は，好意的性差別主義を強くもっている人は敵意的性差別主義も強い傾向にあることが，これまでの研究で報告されている。

　敵意的性差別主義と好意的性差別主義はともに，父性主義，男女の差異化，異性愛主義の3要素からなっている（Glick & Fiske, 1996）。敵意的性差別主義の場合には，それぞれ，女性を支配しようとする父性主義，男女の競争的な関係，女性に対して感じる性的魅力とそれに絡む女性を支配したいという欲望。一方，好意的性差別主義の場合には，女性を守ろうとする保護主義的な父性主義，男女はお互いに補い合っているという相補的な男女の関係，女性に心理的な親密性を求める態度からなっている。敵意的性差別主義は，男性のものとされていた領域に進出し，ジェンダー平等を求めてくる女性に対する敵対的な態度であり，好意的性差別主義は，妻や母親役割といった伝統的な女性役割を担う女性に対する好意的な態度ともいえる。そして，これまでの研究から，時に，敵意的性差別主義よりも好意的性差別主義の方が，女性に対して悪影響をもたらすことが示されている。これは後ほど紹介しよう。

　なお，この両面価値的性差別主義は女性に対するものだけでなく，男性に対

するものもあり，男性のもっている権力や高い社会的地位を嫌悪し，男性は女性を見下していると思ったり（敵意的性差別主義），男性の高い地位を受容し，経済的に支えてくれる存在だとみなしたり（好意的性差別主義）するといった 2 つの側面に分けられる（Glick & Fiske, 1999; 阪井，2007）。

女性に対する好意的性差別主義が女性の意欲を削ぐ

　両面価値的性差別主義という考え方が提唱されてから，敵意的あるいは好意的な性差別主義を取り上げた研究がたくさん行われてきた。そうした研究から，女性に対する好意的性差別主義が強い人ほど，幸福感が高いことが報告されている（たとえばHammond & Sibley, 2011）。これは男女に関係なくみられる傾向だ。ただ，男性と女性では好意的性差別主義が幸福感と関連するプロセスが異なっている。男性の場合，好意的性差別主義が直接的に幸福感と関連するが，女性の場合には，好意的性差別主義がシステム正当化（本章第 3 節参照）を媒介して幸福感と関連する。つまり，女性の場合には，好意的性差別主義が強いと現状の社会を肯定するようになり，その結果として幸福感が高くなると考えられる。男性の場合には，好意的性差別主義は自分の地位の高さを意味するので，そのまま幸福感に結びつくのだろうが，女性の場合には，好意的性差別主義よりもむしろ，ジェンダー格差のある社会を肯定的に捉える態度が幸福感を高めると考えられる。

　なお，好意的性差別主義と幸福感の関係は，異性のパートナーがいる場合に強くみられるという。これは，好意的性差別主義を測定する質問が，性別に基づいた役割分担や異性愛主義に賛成する項目を含んでおり，異性のパートナーがいる人たちは，こうしたものを受け入れている傾向が強いからだろう。

　一見ポジティブに思える好意的性差別主義であるが，時に女性に対してネガティブな効果をもたらすことが知られている。たとえば，ダルデンネら（Dardenne, Dumont, & Bollier, 2007）は，就職試験を想定した仮想場面で，男性の採用担当者が「この仕事は女性には無理だが，男性が助けるので大丈夫です」というような，女性に対して好意的に聞こえるような内容を含んだ発言を

すると，敵意的な内容を含んだ発言の場合よりも女性が受けた就職試験の成績が悪かったことを見出している。また，日本の働く女性を対象にした研究でも，女性が好意的性差別主義に該当するような行動を経験すると，一時的に自尊心が低下し，その結果，昇進意欲が低くなることが見出されている（坂田，2019）。このように，好意的性差別主義は一見ポジティブな印象をもたれるが，実際には女性の意欲を削ぐことが多く，女性にとってはネガティブな効果をもたらすものといえよう。

　他にもステレオタイプの影響を示すものとして，ステレオタイプに沿った褒め言葉が挙げられる。研究紹介 4 - 1 では，数学の試験でよい成績をとった女子高校生が，「女の子なのにすごいね」と褒められることで意欲を失う過程を紹介している。

第3節　ジェンダー・ステレオタイプと格差社会

格差社会を支える現状維持動機——システム正当化

　日本には大きなジェンダー格差があることが色々なデータで示されている。たとえば，本書の「はじめに」でも述べられているように，2023年の日本のジェンダー格差指数のランクは146カ国中125位である。この時のジェンダー格差指数（完全平等＝ 1 ，完全不平等＝ 0 ）は0.647であった。では，ジェンダー格差指数が 1 の国はあるのだろうか。実は，調査対象国の中で一番ジェンダー格差が小さいアイスランドでも，指数は完全な平等を示す 1 ではなく，0.912なのである（世界経済フォーラム，2023）。つまり，現在，ジェンダー平等を完全に達成している国はおそらく存在しておらず，多くの国や地域が何らかのジェンダー格差を抱えていることが推測できる。

　なぜ格差はなくならないのだろうか。社会心理学では，格差社会がなくならない原因を説明する理論がいくつかある（池上，2012）。その一つが「システム正当化理論（system justification theory）」である。この理論は，人々が現状を維持するように動機づけられており，そのためどのような格差や不平等があろう

研究紹介
4-1

「女の子なのにすごいね」と褒められると……

これまで「女の子なのにすごいね」「さすが女の子」といわれて嬉しかったことはないだろうか。こうした褒め言葉は相手の女性にどのような影響をもたらすのだろうか。森永・坂田・古川・福留（2017）は、数学の試験でよい点をとった高校1年生の女子生徒が、数学の教師から「女の子なのにすごいね」あるいは「すごいね」と褒められるという物語をつくり、それを高校1年生の女子生徒に読んでもらった。そして、その後で、登場人物になった気持ちでいくつかの質問に回答してもらった。質問は、①数学意欲に関するもの（数学をこれから頑張ろうと思う）、②ポジティブ感情（うれしい、満足）、③外に向けられた（外的）ネガティブ感情（腹が立つ、いらいらする）、④自分に向けられた（内的）ネガティブ感情（不安だ、落ちこむ）、⑤差別知覚（先生を差別的─平等的だと思う）の5つであった。その結果、「女の子なのにすごいね」の条件の人たちは、「すごいね」の条件の人たちよりも、数学意欲とポジティブ感情が低く、外的ネガティブ感情と内的ネガティブ感情、差別知覚が高かった。そして、これらの変数のつながりを検討したところ、図4-1のような結果になった。

図4-1から、「女の子なのにすごい

ね」といわれて、女の子たちが数学意欲を失うプロセスが2つ考えられる。一つには、「女の子なのにすごいね」といわれることで、内的ネガティブ感情が高まり意欲が低下するというプロセス。こちらはおそらく「女の子は数学ができない」というステレオタイプが喚起され、不安などの内的ネガティブ感情が喚起されたと思われる。もう一つの意欲低下のプロセスは、「女の子なのにすごいね」と発言した教師がステレオタイプをもっていることを知覚し、「差別を受けた」と思うことでポジティブ感情が十分高くならず、意欲が低下するというものである。なお、外的ネガティブ感情は数学意欲とは関係せず、おそらく発言者に向けられたものと考えられる。

「女の子なのにすごいね」という褒め言葉は、「女性は理系科目が苦手なものだけど、この生徒は性別のハンディを克服してよく頑張った」のように、発言者にポジティブな気持ちがあることが推測できる。しかし、その根底には「女の子は数学ができない」というネガティブなステレオタイプがある。生徒や子どもたちに対してステレオタイプを使って褒めるのは、発言者の意図とはまったく逆に、相手にネガティブな効果をもたらすだけになっている可能性もある。

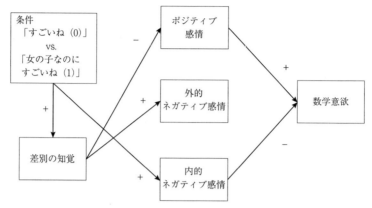

図4-1　数学でよい点をとった時に「女の子なのにすごいね」といわれると……

注：図の中の＋は２つの変数の間に正の関係が，－は負の関係があることを意味する。具体的には，「すごいね」といわれる条件に比べて「女の子なのにすごいね」といわれる条件では，差別の知覚が高く，内的ネガティブ感情が高い。差別の知覚が高いほどポジティブ感情が低く，外的ネガティブ感情が高い。ポジティブ感情が低いほど数学意欲が低く，内的ネガティブ感情が高いほど，数学意欲が低い。
出所：森永ほか（2017）をもとに筆者（森永）作成。

とも，現在の社会や経済，政治などの体制（システム）を良いものであると正当化する傾向をもっていると考える（Jost & Banaji, 1994）。この理論の特徴は，格差の上にいる人だけでなく，格差の下にいる人も既存のシステムを正当化するという主張にある。そして，時に，下にいる人の方が上にいる人よりも強く現状維持を求めていることが報告されている。たとえば，ジョストら（Jost, Pelham, Sheldon, & Ni Sullivan, 2003）は，米国において，低収入の人たちの方が高収入の人たちよりも現状を肯定したり，上を目指す意欲を高めるためには賃金格差が必要だとみなしたりすることを見出した。また，システム正当化理論では，現状を正当化することで心理的幸福感が高まると考えられており（システム正当化の緩和機能），実際にそうした傾向が報告されている（たとえば，森永・平川・福留, 2022）。研究紹介 4 - 2 では，システム正当化のもつ緩和機能に関する研究を紹介した。

　システム正当化を強める要素についての検討も行われている。たとえば，ジョストとケイ（Jost & Kay, 2005）によると，共同性に含まれる特性（たとえば，思いやりがある，正直な，温かいなど）がどのくらい女性や男性にあてはまるかを答えた後では，それらに答えない場合よりも，現状のジェンダー・システムを正当化する傾向が強かった。しかし，作動性についてはこうした効果がみられなかった。また，女性と男性にはそれぞれの役割があり，お互いに補い合っているといった考え方にふれた後も，現状のジェンダー・システムを肯定する傾向がみられた。そして，これらの結果は特に女性参加者においてみられたという。男性はもともとジェンダー・システムを肯定する傾向が強いため，ジェンダー・ステレオタイプにふれてもそれほど影響を受けないのだろう。どうやら私たち，特に女性は，ジェンダー・ステレオタイプにふれると，現状のジェンダー格差を肯定しがちになるようだ。日頃から常にジェンダー・ステレオタイプにさらされたり，異なる役割を担っている男女を見続けたりしていると，知らないうちに，ジェンダー格差のある社会をよいものとみなすようになっているということが考えられる。

研究紹介
4-2

今の社会に女性差別はないという思いこみが女性の幸福感を高める

　ナピアら（Napier, Suppes, & Bettinsoli, 2020）は，女性が社会における差別の存在を否定することで主観的幸福感が高くなることを，3つの研究で示した。米国で実施された研究では，女性の場合，社会におけるジェンダー差別の存在を否定するほど人生満足度が高いこと（研究1・研究2），そして，ジェンダー差別の存在の否定は，社会が公平であるという認識を高め，そのことで人生満足度が高くなるというプロセスがあることが示された（研究1）。男性の場合には，差別の存在の否定と人生満足度の関連はあまり明確にみられなかった（研究1・研究2）。さらに，研究1では，個人的な被差別経験（の程度）についてもたずねているが，その否定と社会におけるジェンダー差別の存在の否定には強い相関があるものの，人生満足度とは関連しなかった。ジェンダー差別が存在する社会において，自分1人が差別を経験したかどうかよりも，もはや社会全体に差別はないとみなすことが，女性に心理的安寧をもたらすのであろう。

　さらに，研究3では日本を含む22カ国を対象に，その国のジェンダー差別規範（世界価値観調査のジェンダー差別態度を測定する項目の結果を利用）も加えて検討したところ，ジェンダー差別規範が強い国では，弱い国に比べて，女性回答

者で差別の否定と幸福感の関連が強いことが示された（図4-2）。つまり，差別規範の弱い国では，差別の存在を否定しても否定しなくても女性の幸福感は高いのだが，差別規範の強い国では，差別の存在を否定している女性の方が，そうでない女性よりも幸福感が高いのである。男性の場合には，差別を否定する方がそうでない場合よりも幸福感は高いのだが，国全体の差別規範の強弱は関係しなかった。なお，日本は，検討対象となった国の中でも性差別規範が強い方に位置する。

　なぜ社会に差別はないと思うことで幸福を感じるのだろうか。本章第3節で説明したように，私たちは現状維持を望んでおり，そのために差別や格差を生み出すような社会のあり方を肯定してしまう。そして，そのことで心理的安寧を得るのである。ジェンダー差別の強い国の女性は，そうでない国の女性に比べ，差別は存在しないという認識を強くする必要があるのだろう。一方，男性は差別する立場であることが多いので，その国の差別が強くても弱くても，差別の存在を否定してしまえば幸福感が得られるのだろう。差別を受ける立場の人たち，特に差別が強いところに住んでいる人たちが，差別を強く否定することで心理的安寧を得ているというのは，悩ましい問題である。

　ナピアらの研究は，現状肯定によって

心理的安寧が得られるという，システム正当化の緩和機能を示す研究例である。なお，研究1では女性の個人的な被差別経験の否定は人生満足度と関連しないことが示されたが，これは個人的な被差別経験の否定が緩和機能をもたないことを意味するものだろう。今まで差別された経験がなくても，社会全体に差別が存在する限り，これから差別を経験するかもしれない。社会全体の差別を否定できない限り，心理的安寧は得られないのだろう。しかし，社会に差別が存在するにもかかわらず，その存在を否定してしまうと差別と戦うことは難しい。個人による差別の否定は，差別を生み出す社会構造が維持され続ける原因の一つになっているとも考えられる。

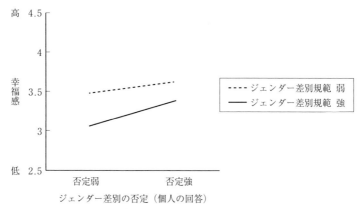

図4-2　社会におけるジェンダー差別の否定と幸福感の関連（女性の結果）
出所：Napier et al.（2020）をもとに著者（森永）作成。

被害者を非難する――公正世界信念の落とし穴

　「夜，人通りの少ない道を歩いていると，通り魔に遭い，怪我をしてしまった」。このニュースを聞いて「そんな夜遅くに1人で道を歩いているからだ」と思う人はいないだろうか。これは被害者非難と呼ばれるものである。本当に悪いのは他人を傷つける人間であるが，私たちは時に被害者を責めることがある。この被害者非難と関連するものに「公正世界信念（belief in a just world）」がある。これは，世の中は公正にできており，人々はその人に見合ったものを手に入れている。つまり，よいことをすれば報われるし，悪いことをすれば罰を受けるという信念である。こうした公正世界信念があるからこそ，多くの人は真面目に働き，悪いことをしない。公正世界信念は，個人にとっても社会にとっても重要なものだが，だからこそ，この信念を揺るがすような事態が生じた時に，人はこの信念を守ろうとする。たとえば，道を歩いている人が頭上から落ちてきたビルの看板にあたって亡くなった時，もしその人がとてもよい人で，何の罪もない人だとすると，「罰を受けるのは何か悪いことをしたからだ」という公正信念が揺らぐ。一方，被害者に何らかの落ち度があり，そのために事故を招いたのだと被害者を非難すれば，公正世界信念は維持できる。つまり，被害者非難をすることによって公正世界信念を守ることができるのである（Lerner, 1980）。

　こうした被害者非難がいっそう強くみられるのが，性犯罪の場合である。夜1人で歩いている時に痴漢に遭うと「夜1人で歩いていたからだ」といわれ，派手な服を着ていると「そんな服を着ていたからだ」と責められる。性犯罪被害者に対する非難は男性からの方が強いのだが，被害者になる可能性の高い女性からも行われる。これは，被害者の行動や服装などを非難することで，この世界は公正であるという信念を維持でき，そして，夜1人で歩いたり派手な服を着たりしない自分は罰（性犯罪）を受けたりしないという安心感を得ることができるためと考えられている。

差別を不可視化する「平等」環境

　日本では，男女共同参画社会基本法や女性活躍推進法などのように，働く女性を応援するような法律が制定されてきた。こうした法律やそれに基づく制度は，実際に働く女性を支えてきたのであるが，注意しなければならないのは，こうした法律や制度が整備されると問題に気づきにくくなってしまう可能性があるということである。

　日本よりも早くアファーマティブ・アクション（第6章参照）などのダイバーシティ制度を整えてきた米国での研究から，ダイバーシティ制度があることによって，組織内の差別的処遇に気づきにくくなることが報告されている。たとえば，カイザーら（Kaiser et al., 2013）は，職場に多様な人々がいると，特にマジョリティである男性やヨーロッパ系アメリカ人に，マイノリティの人々が公正に扱われているという錯覚を生じさせてしまい，そのことで，マイノリティが昇進や給料などの面で差別的処遇を受けていても気づきにくくなったり，マイノリティの訴えを取り上げなくなったりすることを報告している。こうした研究から，ダイバーシティ制度が導入されれば終わりというのではなく，導入された制度がどのように運用されているのかなどを，しっかりとみきわめる必要があることがわかる。

　また，日本では，政府の主導で2020年までに指導的地位に占める女性の割合を30％程度にするという目標が立てられていた。現実には達成されなかった目標ではあるが，目標を妨げるものとして，組織のあり方とともに，女性の昇進意欲の低さも課題として取り上げられることが多かった。女性の昇進意欲を低下させるものには，組織の伝統的な雰囲気や，女性が昇進意欲を示した時に受けるバックラッシュ，また幼い子どものいる女性に時間のかかる仕事を任せないといった好意的性差別主義的な処遇など，色々な要因が考えられる。こうした中で，女性に対する啓発セミナーや研修などを開催することで，女性自身に意識改革を求めることもよく行われる。しかし，女性自身に意識改革を求めることは，職場におけるジェンダー格差を解決する責任を女性に押しつけることにつながる可能性がある。

ジェンダー・パラドクス——男女平等な国の方が性差が大きい？

　ジェンダー平等とは，政治への参加や経済的収入，教育の機会などの面で男女が等しくなることだが，その場合，心理的な面での男女差はどのようになるだろうか。実は，ジェンダー平等な国ほど，パーソナリティや価値観などの性差が大きいという結果を報告する研究がある。こうした現象は「ジェンダー・パラドクス」と呼ばれる。たとえば，76カ国の8万人を対象に，リスクを冒すこと，愛他性や信頼などをどのくらい好むかといった好みに関する性差と，国の経済発展（GDP）やジェンダー平等との関係をみた研究では，GDPが高いほど，また，ジェンダー平等指数が高いほど，性差が大きくなる傾向を報告している（Falk & Hermle, 2018）。ジェンダー平等が心理的な性差を生むのはなぜだろうか。フォークらは，物質的・社会的資源が豊かで，資源へのアクセスがジェンダー平等になると，男女が自由に自分を表現できるようになるからだと述べている。

　確かに，自由な自己表現が許されるようになると，本質的な性差が表に出やすくなるという説明も可能かもしれない。しかし，次のようにも考えられる。ジェンダー平等な国では異性と接する機会が多い。つまり，性別カテゴリーが常に顕現化している状態である。そのような中では，異性との社会的比較が起こりやす

く，自己概念にとって自分の性別が重要な要素になる。そのため，自己ステレオタイプ化が起こりやすい。一方，ジェンダー平等でないところでは，男女がそもそもあまり一緒にいないので，性別カテゴリーはあまり顕現化せず，自己ステレオタイプ化は生じにくいと考えられる（Guimond, Chatard, Martinot, Crisp, & Redersdorff, 2006）。

　実際に，坂田・森永（2015）は，身近なところに異性がたくさんいた方が，自分の性別にふさわしいとされるステレオタイプ特性（女性では共同性，男性では作動性）が自分にあてはまると思う程度が強いことを見出した。坂田らは，大学に入学してすぐの1年生を対象に，高校時代にクラス以外で頻繁に関わっていたグループのうちの一つにおける同性と異性の割合と，共同性と作動性の特性に自分がどのくらいあてはまるかをたずねたところ，グループに異性がたくさんいた人は，そうでない人に比べて自己ステレオタイプ化の程度が大きいことを見出した。このように考えると，ジェンダー・パラドクスも，異性といつも一緒にいることが引き起こしている現象なのかもしれない。女子校の生徒や学生の方が，共学の女性の生徒や学生よりもジェンダー役割にとらわれずに積極的だとよくいわれるが，それは環境によるという説明も可能だろう。

　さらに，目にみえる形での差別が徐々に減り，様々な機会がすべての人に平等にあるようにみえるようになった社会では，個人に選択の自由があるような錯覚がもたらされるようになった。日本では今も，結婚や出産で退職したり，フルタイムからパートタイムに働き方を変えたりする女性が多い。こうした転退職の決定はどのようにして行われているのだろうか。米国での研究では，退職後にそのまま無職になった母親で，退職を自分の選択だと思っている場合には，そうでない場合よりも幸福感が高く，さらに，職場や職業のジェンダー差別の存在を否定する傾向が強かったという（Stephens & Levine, 2011）。もし，日本の女性も，結婚や出産で転退職せざるをえない状況に置かれているにもかかわらず，その決定を自分で選んだと思わされているとしたら，社会に存在するジェンダー格差をあまり認識しないようになっているかもしれない。

引用文献

Arnold, S., & McAuliffe, K. (2021). Children show a gender gap in negotiation. *Psychological Science, 32,* 153-158.

Business Insider (2020). 26 simple charts to show friends and family who aren't convinced racism is still a problem in America. https://www.businessinsider.com/us-systemic-racism-in-charts-graphs-data-2020-6（2020年11月7日閲覧）

Catalyst (2020). Women in science, technology, engineering, and mathematics (STEM): Quick take. https://www.catalyst.org/research/women-in-science-technology-engineering-and-mathematics-stem/（2020年9月22日閲覧）

Dardenne, B., Dumont, M., & Bollier, T. (2007). Insidious dangers of benevolent sexism: Consequences for women's performance. *Journal of Personality and Social Psychology, 93,* 764-779.

Dar-Nimrod, I., & Heine, S. J. (2006). Exposure to scientific theories affects women's math performance. *Science, 314* (5798), 435.

Falk, A., & Hermle, J. (2018). Relationship of gender differences in preferences to economic development and gender equality. *Science, 362* (6412), eaas9899.

Glick, P., & Fiske, S. T. (1996). The Ambivalent Sexism Inventory: Differentiating hostile and benevolent sexism. *Journal of Personality and Social Psychology, 70,* 491-512.

Glick, P., & Fiske, S. T. (1999). The Ambivalence toward Men Inventory: Differentiating hostile and benevolent beliefs about men. *Psychology of Women Quarterly, 23,* 519-536.

Guimond, S., Chatard, A., Martinot, D., Crisp, R. J., & Redersdorff, S. (2006). Social comparison, self-stereotyping, and gender differences in self-construals. *Journal of Personality and Social Psychology, 90,* 221-242.

Hammond, M. D., & Sibley, C. G. (2011). Why are benevolent sexists happier? *Sex Roles, 65,* 332-343.

池上知子 (2012). 格差と序列の心理学――平等主義のパラドクス　ミネルヴァ書房

Jost, J. T., & Banaji, M. R. (1994). The role of stereotyping in system-justification and the production of false Consciousness. *British Journal of Social Psychology, 33,* 1-27.

Jost, J. T., & Kay, A. C. (2005). Exposure to benevolent sexism and complementary gender stereotypes: consequences for specific and diffuse forms of system justification. *Journal of Personality and Social Psychology, 88,* 498-509.

Jost, J. T., Pelham, B. W., Sheldon, O., & Ni Sullivan, B. (2003). Social inequality and the reduction of ideological dissonance on behalf of the system: Evidence of enhanced system justification among the disadvantaged. *European Journal of Social Psychology, 33,* 13-36.

Kaiser, C. R., Major, B., Jurcevic, I., Dover, T. L., Brady, L. M., & Shapiro, J. R. (2013). Presumed fair: Ironic effects of organizational diversity structures. *Journal of Personality and Social Psychology, 104,* 504-519.

倉矢匠 (2016). 日本における促進指向的及び抑制指向的ジェンダー規範　東洋大学大学院紀要, *53,* 107-124.

Lerner, M. (1980). *The belief in a just world: A fundamental delusion.* Boston, MA: Springer.

Leslie, S. J., Cimpian, A., Meyer, M., & Freeland, E. (2015). Expectations of brilliance underlie gender distributions across academic disciplines. *Science, 347* (6219), 262-265.

Major, B., McFarlin, D. B., & Gagnon, D. (1984). Overworked and underpaid: On the nature of gender differences in personal entitlement. *Journal of Personality and*

Social Psychology, 47, 1399-1412.

Master, A., Cheryan, S., & Meltzoff, A. N. (2016). Computing whether she belongs: Stereotypes undermine girls' interest and sense of belonging in computer science. *Journal of Educational Psychology, 108,* 424-437.

Miller, D. I., Eagly, A. H., & Linn, M. C. (2015). Women's representation in science predicts national gender-science stereotypes: Evidence from 66 nations. *Journal of Educational Psychology, 107,* 631-644.

宮島健・山口裕幸（2018）．印象管理戦略としての偽りの実効化──多元的無知のプロセスにおける社会的機能　実験社会心理学研究, *58,* 62-72.

文部科学省（2022）．学校基本調査──結果の概要　令和 4 年度　https://www.mext.go.jp/b_menu/toukei/chousa01/kihon/kekka/1268046.htm（2023年11月 6 日閲覧）

森永康子・平川真・福留広大（2022）．日本における女性の人生満足度とシステム正当化　社会心理学研究, *37,* 109-115.

森永康子・坂田桐子・古川善也・福留広大（2017）．女子中高生の数学に対する意欲とステレオタイプ　教育心理学研究, *65,* 375-387.

内閣府男女共同参画局（2020）．男女共同参画白書　令和 2 年版　https://www.gender.go.jp/about_danjo/whitepaper/r02/zentai/index.html（2021年 2 月 9 日閲覧）

Napier, J. L., Suppes, A., & Bettinsoli, M. L. (2020). Denial of gender discrimination is associated with better subjective well-being among women: A system justification account. *European Journal of Social Psychology, 50,* 1191-1209.

Nguyen, H. H. D., & Ryan, A. M. (2008). Does stereotype threat affect test performance of minorities and women? A meta-analysis of experimental evidence. *Journal of Applied Psychology, 93,* 1314-1334.

O'Brien, L. T., Major, B. N., & Gilbert, P. N. (2012). Gender differences in entitlement: The role of system-justifying beliefs. *Basic and Applied Social Psychology, 34,* 136-145.

Rudman, L. A. (1998). Self-promotion as a risk factor for women: The costs and benefits of counterstereotypical impression management. *Journal of Personality and Social Psychology, 74,* 629-645.

Rudman, L. A., Moss-Racusin, C. A., Phelan, J. E., & Nauts, S. (2012). Status incongruity and backlash effects: Defending the gender hierarchy motivates prejudice against female leaders. *Journal of Experimental Social Psychology, 48,* 165-179.

阪井俊文（2007）．セクシズムと恋愛特性の関連性　心理学研究, *78,* 390-397.

坂田桐子（2019）. 女性の昇進を阻む心理的・社会的要因　大沢真知子（編著）　なぜ女性管理職は少ないのか——女性の昇進を妨げる要因を考える（pp. 25-64）　青弓社

坂田桐子・森永康子（2015）. 集団性別構成比がジェンダーにおける自己ステレオタイプ化に及ぼす影響　日本社会心理学会第56回大会発表論文集，252.

世界経済フォーラム（2023）. Global gender gap report 2023. https://www.weforum.org/publications/global-gender-gap-report-2023/（2023年11月6日閲覧）

Spencer, S. J., Steele, C. M., & Quinn, D. M. (1999). Stereotype threat and women's math performance. *Journal of Experimental Social Psychology, 35*, 4-28.

Steele, C. M. (2010). *Whistling Vivaldi: How stereotypes affect us and what we can do*. New York: Norton & Company.（スティール，C.　藤原朝子（訳）（2020）. ステレオタイプの科学——「社会の刷り込み」は成果にどう影響し，わたしたちは何ができるのか　英知出版）

Stephens, N. M., & Levine, C. S. (2011). Opting out or denying discrimination ? How the framework of free choice in American society influences perceptions of gender inequality. *Psychological Science, 22*, 1231-1236.

Storage, D., Charlesworth, T. E., Banaji, M. R., & Cimpian, A. (2020). Adults and children implicitly associate brilliance with men more than women. *Journal of Experimental Social Psychology, 90*. https://doi.org/10.1016/j.jesp.2020.104020

Swim, J. K., Aikin, K. J., Hall, W. S., & Hunter, B. A. (1995). Sexism and racism: Old-fashioned and modern prejudices. *Journal of Personality and Social Psychology, 68*, 199-214.

高史明（2015）. レイシズムを解剖する——在日コリアンへの偏見とインターネット　勁草書房

宇井美代子（2008）. 性差別主義　青野篤子・赤澤淳子・松並知子（編）　ジェンダーの心理学ハンドブック（pp. 249-268）　ナカニシヤ

山口一男（2017）. 働き方の男女不平等——理論と実証分析　日本経済新聞出版社

(読者のための参考図書)

バブコック，L.・ラシェーヴァー，S.　森永康子（訳）（2005）. そのひとことが言えたら……——働く女性のための統合的交渉術　北大路書房
　＊なぜ女性は自分からチャンスを求めようとしないのか。人間関係を大切にするがゆえに自己主張できない女性。その心のしくみとそれを乗り越えるための示唆を与えてくれる。

池上知子（2012）．格差と序列の心理学——平等主義のパラドクス　ミネルヴァ書房
　　＊平等が重要。その思いこそが，平等をはばむものかもしれない。本書は，社会の中に格差や序列を生み，それを維持する心のメカニズムを，社会心理学の理論を用いて説明している。
北村英哉・唐沢穣（編著）（2018）．偏見や差別はなぜ起こる？——心理メカニズム解明と現象の分析　ちとせプレス
　　＊偏見や差別が生じる原因はどこにあるのか，そして，その解消にはどのような方法が有効なのか。こうしたテーマについて社会心理学で行われてきた様々な研究を紹介している。
スティール，C.　藤原朝子（訳）（2020）．ステレオタイプの科学——「社会の刷り込み」は成果にどう影響し，わたしたちは何ができるのか　英知出版
　　＊ステレオタイプはいかに私たちに影響しているのかを，様々な場面や研究を取り上げて説明している。ステレオタイプ脅威の理論を提唱した著者による。
高史明（2015）．レイシズムを解剖する——在日コリアンへの偏見とインターネット　勁草書房
　　＊差別主義とソーシャル・メディアは密接な関係をもっている。本書は，在日コリアンを取り上げ，レイシズムやヘイトスピーチとSNSがどのように関連しているのかを研究した成果をまとめたものである。

【本章執筆にあたり，科研費18K03007および21K02978の助成を受けた。】

第5章

心理学とジェンダー・ステレオタイプ

　学問や科学は客観的であるべきだ，いかなる価値観に
も偏ってはならないと考える人が多いのではないだろう
か。しかし，多くの学問が男性中心につくられてきたと
すれば，すでに男性中心の価値観に偏っている可能性が
高い。心理学も，主に男性によってつくられ，男性が人
間の標準であり，女性はそれからはずれているという見
方や，男女の生まれつきの身体面の違いから心理面での
性差が生じるという考え方を含んでいた。1970年代以降，
フェミニズム（女性解放思想）の影響を受け，女性が研
究者として，あるいは研究対象として心理学に多く入り
こむようになって，伝統的な心理学は見直しを迫られる
ことになった。すなわち，女性の発達や心理的成長のモ
デルを新たにつくり出そうという機運が高まってきたの
である。さらに近年では，女性の中の多様性に注目し，
心理学に潜むジェンダー・バイアスや方法論自体を問い
直す動きもみられる。本章では，心理学におけるジェン
ダー・ステレオタイプに焦点をあて，第1節では，心理
学に根強く残っている生物学的還元主義について，第2
節では，心理学における性差の意味について，そして第
3節では，フェミニズム以降の心理学の変遷について考
えていく。

第1節　生物学的性（セックス）を重視する心理学

産む性としての女性——心理学における母性

　フロイト（Freud, 1925）に始まる精神分析の流れは，男女の生まれつきの違いを重視し，女性と男性はそもそも生まれつき体の構造が違うのだから，心理的特性も違ってくる，という生物学的還元主義の立場に立っている。フロイトの考え方を端的に表す「解剖学は運命である（Anatomy is destiny.）」ということばは，解剖学的な違いが男女のあらゆる差異を決定づけるという意味である。フロイトは，人格発達の源を性的衝動（リビドー）に求め，身体の構造とパーソナリティとの関係に焦点をあてた発達段階説を唱えた。それによると，ペニスをもつ男児は，父親に対する複雑な感情（エディプス・コンプレックス）を経験することによって，父親との同一視を経て社会的価値を内面化することができるが，女児にはそのような経験が欠けているために人格的に劣るとされた。フロイトのこのような説は，きわめて男性中心的だともいえる。

　エリクソン（Erikson, 1964）もまた，男女の性格の違いは身体構造の違いからきていると考えた。彼は，幼児のままごと遊びを観察し，男児が家の外のことに関心をもつのに対して，女児は家の中の事柄に関心を示すことから，女性心理の根底に「内的空間」というものがあると想定したのである。エリクソンの「内的空間」の概念は子宮から連想されたものであり，女性が受動的・家庭的で子どもをかわいがるのは子宮をもっているからだということになる。

　フロイト以後，今日まで発展を遂げた精神分析的心理学は，もはや「解剖学は運命」という極端な立場はとらないまでも，やはり男女の生まれつきの身体構造の違いを重くみている。特にそれは，女性に妊娠・出産の機能が備わっていることから，女性を産み育てる性と規定し，母親と子どもの特別な関係を強調する母子関係論において顕著である（たとえば，ボウルビィの愛着理論）。つまり，母親と子どもはもともと共生関係にあり，そこで強い絆を形成することによって，その後の分離・独立が促され，健全な人格が形成されると考えられて

いる（Bowlby, 1969）。

　このような女性の母性的側面や母子関係を重視する考え方は，乳幼児心理学や発達心理学の分野で様々に展開されている。心理学の教科書には，愛着（アタッチメント），接触，養育態度，マザリング（母性・養育行動），マターナル・デプリベーション（母子分離）など母子関係に関連した様々な概念が登場し，母親の役割が強調されてきた（研究紹介5-1）。こうした母役割の強調や生物学的還元主義が，ジェンダー・ステレオタイプの正当化に加担したといえるだろう。しかし，もっと最近の教科書では，母親だけを重要視する傾向は和らぎ，母親に代わる養育者の役割も記述されるようになってきている。たとえば，長谷川・東條・大島・丹野・廣中（2000）では，「母親の養育はたしかに大切ですが，母親がいなくても，代理養育者によって基本的信頼感は獲得されうる」と述べられている。

育てる性としての女性──愛着理論の今

　母子関係に関する概念の中でも，愛着は，時代を超えて心理学の教科書に最も定着してきた概念である。ボウルビィの愛着理論には，母子分離の影響が長期にわたるという主張の証拠が曖昧だという批判や，愛着形成の時期は乳幼児初期に限定されないといった批判があるが，子どもの発達にとって母親が最も重要な存在であり，子育ての責任は母親にあるという言説を心理学がつくり出したといえる。近年，愛着の研究は脳の研究とも結びつき，たとえばフォナギー（Fonagy, 2001）は，乳幼児の愛着は遺伝的に規定される能力で，脳内に関連部位があるとしている。

　さらに，愛着の研究の焦点は，乳児から関係の表象へと移行している。そこでは母親の感受性も重要とされ，乳児の心的状態にどれだけ敏感であるかを測定する尺度（mind-mindedness）が開発され，乳児の表情を読みとる際の脳画像の分析なども行われるようになっている。Aono（2010）は，日本発達心理学学会の学会誌である『発達心理学研究』に1990〜2009年の間に掲載された論文を対象に，女性と子どもの位置づけがどのように変化してきたかを検討した。母

研究紹介
5-1

心理学の教科書における母子関係

　大学生が手にする心理学の教科書には，心理学の様々な領域の基礎的な概念や理論が紹介してある。発達心理学の領域では，必ずといっていいほど，母子関係についての言及がある。たとえば，下記のようなものである（青野，1993）。

• 母親が妊娠を喜んで受け入れないことによりつわりがひどくなったり，へその緒がまきつく危険性が高くなる。
• 生まれて数日の乳児は母と他の女性のにおいを弁別するし，母の心音は子の情緒を安定させ，哺乳量を増し，深い睡眠をもたらす。
• もともと生理的次元の運動（生理的微笑）が，母子相互の行動を惹き起こし，母と子の愛情という絆を強めるのである。
• 愛着は，ある人と他の特定の人との間に形成される「愛情のきずな」を意味するが，乳児の場合には，母親がアタッチメントの対象として選択されやすい。
• 特に乳児期などにおいては母親との身

体的な接触，肌と肌のふれあいが重要で，（中略）抱く，なでる，ゆするといった母親の行為を通して，母子間の愛着関係が形成されていく。
• 乳幼児と母親との親密かつ継続的でしかも両者が満足と幸福感に満たされるような人間関係を欠いている子どもの状態を母性愛剥奪と呼ぶ。

　これらは，1970〜80年代の心理学概論書（大学の講義で使われる教科書）に実際に記述されていた，母子関係に関連した内容である。時代の流行や領域固有の傾向もみられるものの，全般的に，女性の産み育てる役割や母性的機能を強調した記述や，乳幼児期の母子関係を特別なものだとする記述が多くみられた。しかし，これらは一定の条件のもとで起こるものであり，また，母親以外の人との間でも起こる可能性がある。よって，ここにある記述の中で，間違いなく正しいとされるものは1つもない。しかし，大学生は，教科書に書かれていることには科学的根拠があると信じてしまうだろう。

子関係を扱っているもの45篇を，母親と子どものどちらに焦点があてられているかという点から，「子ども中心」「母子の相互作用」「母親中心」に分類したところ，この20年の間に「子ども中心」のアプローチは減少する一方，「母親中心」のアプローチが増加していた（16.7％から58.8％）。母親中心の研究としては，歩行開始期の子どもの反抗や自己主張に対する母親の適応過程を検討したもの，母親の仕事が抑うつ傾向に及ぼす影響を捉えたもの，母親としての適応過程を追跡したものなどがみられた。

　日本では1980年代以降，児童虐待，いじめ，不登校などが大きな社会問題となっている。子どもの乳幼児期の発達や養育の問題への注目が集まることにより，幼少期の環境や発達可能性と，それを左右するとみなされる母親の感受性や愛情といった，母親のあり方に焦点があてられるようになったといえよう。また，日本では歴史的に，母性を讃え，女性の母性的役割を重視する傾向があった。マスメディアの中にも人々の意識の中にも，母性神話が根強く存在している。今もなお子育てが母親中心に行われている現状をみると，母性神話が実際になっていることになるが，そこに心理学が加担しているといっても過言ではない（Aono & Kashiwagi, 2011）。

能力差を脳によって説明する——脳科学の援用

　心はどこにあるかという質問に皆さんはどう答えるだろうか。幼い子どもは心臓に手をあてるかもしれないが，大人たちは脳と答えるだろう。心理学には，心の働きを認知的なレベルで捉えるという傾向がある。これまではブラックボックスと考えられてきた心の働きを認知過程として研究するようになり，その認知過程をさらに脳科学や神経科学からアプローチするようになった。心理学の教科書にも，必ずといっていいほど脳に関する章が設けられている。その背景には，技術革新による精密で微細な脳の解明が進み，心理学の生物学的還元主義に客観的で科学的な裏づけが与えられるようになったことがあるだろう。また，心理学の装いをした一般の読み物やハウツー本（頭をよくする，仕事に成功する，人間関係をよくするなど）にも，脳科学に関する断片的な情報が紹介さ

男の脳

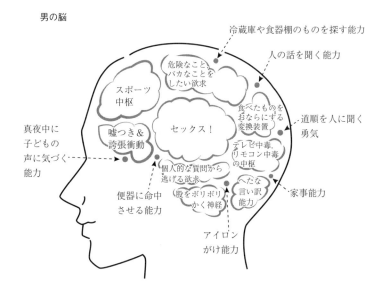

女の脳

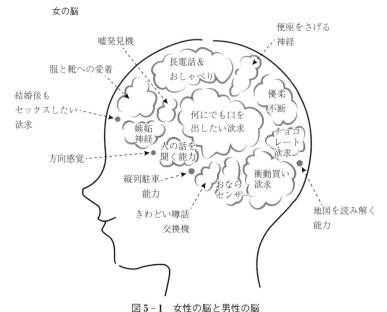

図 5-1　女性の脳と男性の脳

出所：Pease & Pease（2001）（藤井留美訳〔2015〕）。

れている。その例を図5-1に示している。

「女性は文系，男性は理系」「女性は数学が苦手」など，認知能力のジェンダー差に関しては，様々なステレオタイプがある。心理学の世界でも，女性は文章を書いたり読んだりすることが得意で，男性は数字や迷路に強いというのが長く定説になっていた（詳しくは本章第2節で取り上げる）。そして，脳の研究が盛んになるにつれて，言語能力や視空間能力の性差が，脳の働きの違いによって説明されるようになった。

近年盛んに主張されているのは，左右の脳の分業の仕方と脳梁の太さが男女で違っており，これが男女の言語能力や視空間能力の差をもたらしているという説である。多くの人の目にふれる一般書では，上記の脳の活動と言語処理などとの関連から因果関係を針小棒大に「説明」している（たとえばBaron-Cohen, 2003）。こういった見解のもとになっているのは，平均的にみて，左右の脳をつなぐ脳梁が女性の方が太いということ，そして言語処理や空間処理における脳の活動が男女で異なる（言語処理を行う際に，右利きの場合，男性では主に左脳が働くのに対して，女性では左右の脳が一緒に働く人が多い）という研究結果である。そこで，「女性は言語能力に優れ，男性は視空間能力に優れている」という強引な結論が出されるのである。

右脳・左脳について長期に研究している八田（2013）によると，右脳と左脳の研究はまだまだ発展途上であるにもかかわらず，研究の断片が世の中に出回って神話を形成しているという。脳のある部位が特定の能力や行動傾向に関連しており，そこに性差があるというのは単純な思いこみであり，確かな研究結果があるわけではない。にもかかわらず，関連があるとする単純な理解は，脳研究の知見のごく一部を拡大解釈していることが多く，研究者たちの意図に反して生物学的決定論に傾き，偏見や差別につながりかねない。男女の行動や思考の違いの多くが脳の生得的な性差によるとする考え方は「神経性差別（neurosexism）」と呼ばれている（Fine, 2011）。

まず，「女性はおしゃべり」「女性は方向感覚が鈍い」（男性はその逆）などのジェンダー・ステレオタイプが存在し，心理学の研究がそれに沿った結果を生

み出し，脳の研究で証拠固めをしてステレオタイプを補強するという具合である。しかし，多くの研究を総合してみると，全体的な言語能力に性差があるとはいえないし（Hyde, 2005），左右脳半球の機能差と能力を結びつけるような確証はいまだ得られていないというのが実状である（八田, 2013）。

　また，ある種の能力と脳の構造や機能との間に相関があったとしても，どちらが原因でどちらが結果かはわからない。むしろ，脳は生後の様々な経験や学習を重ねることによってつくられると考える方が妥当である。子育てを任され家族の世話をし，人間関係に配慮する女性の方がことばをより多く使うかもしれないし，その経験が脳の機能差を生み出しているのかもしれない。能力の違いを安易に脳の構造や働きによって説明するのは，心理学者の怠慢であろう。

攻撃性は「男性」ホルモンのせい？

　第1章で，国際陸上競技連盟では陸上選手の性別を決めるのにテストステロンの値が用いられるようになった経緯を述べた。つまり，女性を自認している人であっても，男性器がなくても，テストステロンの値が一定以上の場合は女性とみなされず，女性の種目に出場できないのである。テストステロンはアンドロゲン（通称男性ホルモン）の一種であり，身体を男性化させるホルモンである。胎児期に始まる性の分化において，エストロゲン（通称女性ホルモン）も女性化を推し進めることが知られているにもかかわらず，テストステロンがある時は男性生殖器がつくられ，ない時は女性の生殖器になるという説明が通説とされてきた。また，ホルモンが脳に作用し，その結果として行動の性差が現れるという説明もよくみられる。その代表的な例が，「攻撃性は男性ホルモン（女性にも存在するので，正確にはアンドロゲンと呼ぶべきである）によって引き起こされる」という説である。

　一般に，男性は女性よりも暴力的で，粗野で，犯罪に加担しやすいと信じられ，家庭内暴力やレイプの加害者の多くが男性であるのも事実である。そして，従来の心理学の研究でも，男性の方がやや攻撃的とされている（Maccoby & Jacklin, 1974; Hyde, 2014）。また，生理学の分野では，アンドロゲンが攻撃性を

高めるという動物実験の結果や，胎児期や生後すぐに，過剰なアンドロゲンの作用を受けた子どもがやや攻撃的になるなどの報告があり，心理学の研究と生理学的研究があいまって，攻撃性—ホルモン仮説もかなり信憑性の高いものと考えられている。

　しかし，ホルモンの作用についてはいまだ確証が得られているわけではない (Hines, 2010)。また，攻撃性をどのように捉えるかによって，性差の表れ方は異なる。たとえば，多くの研究を総合したメタ分析の結果では，身体的暴力では男性の方が攻撃的ということになるが，言語的暴力では性差がほとんどみられない。間接的な暴力（関係性暴力）では若い年代で女性の方が攻撃的な傾向を示している。また，個人が特定される状況では男性の攻撃性も押さえられる傾向があり，ジェンダー差は小さくなるとのことである (Hyde, 2014)。このように，いつでもどこでも男性の方が攻撃的とはいえないのである。

　さらに，アンドロゲンが攻撃性や支配性を高める可能性もあるが，逆に攻撃性や支配性がアンドロゲンのレベルを高めると考えることもできるのである。心理状態がホルモンに影響を与えることは，心配や不安が月経を遅らせるという例でも明らかである。さらに重要なのは，ホルモンの影響は，1つのホルモンの量だけでは決まらず，各種のホルモンのバランス，つまりあるホルモンの過不足を他のホルモンが調整してくれることにもよる。ちなみに，月経前症候群（PMS）は，エストロゲン（卵胞ホルモン）の過剰によって起こるという説もあれば，プロゲステロン（黄体ホルモン）の欠乏によるという説もある。もちろん，女性が月経前にイライラして攻撃的になるというのも神話かもしれない。以上のように，ホルモンの作用は複雑なので，攻撃性との関連を解明することは不可能に近いのかもしれない。しかし攻撃性に関連するホルモンの性差がもし立証されても，それを根拠に男性が攻撃的であってもかまわないとする判断は間違っている。

雄による雌の支配——進化心理学の主張

　ダーウィンの進化論以来，人間も生物や動物の一種であり，環境に適応しな

がら少しずつ進化した結果が今の姿であると信じられている。ではどのように進化してきたのか。人間の心の働きに関心のある心理学も，進化の考え方を取り入れるようになり，進化心理学と呼ばれるアプローチが生み出された。平石（2000）によれば，進化心理学は心理学の一つの分野ではなく，様々な心理学の分野を超えて応用可能な，心理学の研究を進めるうえでの一つの考え方である。

長谷川（2001）によれば，「進化心理学（evolutionary psychology）」という言葉は，生態学者のギゼリンが1970年代に使ったのが最初ではないかとされ，ヒトの脳の働き，すなわち心が進化の産物であることの認識に立った心理学を指すという。進化心理学では，どんな動物であれ，生存して繁殖していくためには様々な情報を処理し，それに応じて意思決定をし，行動を選択せねばならないと考える。ヒトは進化の過程で，そういった情報処理・意思決定の仕方を身につけていくとされる。さらに，ヒトは社会の中で暮らしているのであり，ヒトにとって最も身近で重要な情報は文化的社会的情報であるため，ヒトの行動の進化は社会文化的要因によって説明されるとも述べている。

たとえば，ヒトの生殖行動も進化の産物であり，動物との連続性を土台にしてヒト独自の行動パターンを獲得していると考えられる。女性と男性は動物の雌と雄から進化したものであって，女性と男性が恋愛し結婚し子どもをつくるのも，動物の雌と雄の進化の結果として「自然な成り行き」だとみなされている。雌と雄がつがいを形成し子孫を設ける行為は，進化心理学では配偶と呼ばれる。

動物界では雌による雄の選り好みがよく知られている。たとえば雄のクジャクが鮮やかな色の羽をもつのは，雌のクジャクに選ばれるためだと説明されている。しかし，スチュワート-ウィリアムズとトーマス（Stewart-Williams & Thomas, 2013）によると，哺乳類全体にみられる「雄が競争し雌が選択する配偶形態」が，人間においては「雌雄の双方が選択する配偶形態」に変わったとされる。このように，進化心理学において，雌と雄の違いだけでなく類同性に注目する傾向が出てきているといえよう。

また一方で，人間の雌雄は，長期間の協力関係が必要なことから長期配偶が重要な役割を果たすが，性的欲求を満たすための短期配偶も存在するとされる。この際，短期配偶は男性の方が積極的だと予測されるという（Schmitt, 2016）。これは，進化心理学において，人間社会の男女関係，つまり男性の優位性と性的放縦を自明視する傾向がいかに強いかを物語る。こういった男性本位の進化心理学に対して，特に女性の研究者たちは，フェミニストの視点から批判的な知見をつきつけている。たとえば，フルディ（Hrdy, 1981）は霊長類研究を推し進め，霊長類の雌も雄と同様に競争的であること，多くの雄と性的交渉をもつこと，そして雌同士の団結もみられることを多くの観察から主張している。

　人間社会では少数派かもしれないが，同性カップルや子どもをつくらないカップル，また，そもそも交際相手をもたない人もいる。それが近年，未婚化・晩婚化として日本では表面化してきた。こういった現代の特徴は，進化や適応に反しているのだろうか。進化心理学ではこの多様性にいかに取り組むのであろうか。行動の進化において大事なのは，行動にはたくさんの選択肢があり，個体が置かれている状況に応じてどんな行動が適応的であるかは一概には決まらないということだ（長谷川，2001）。たとえば，女性が身体的魅力を保つために少食であることは，配偶者をつかまえるうえでは有利（適応的）かもしれないが，たくましく元気に生きていくうえでは不利である。進化の可能性は多様である。進化心理学においても，女性の自律的性行動，娘に対する偏愛，女性のセクシュアリティなど，フェミニストの視点から研究すべき多くの課題がある（Gowaty, 2001）。

第2節　性差に注目する心理学

なぜ性差に関心がもたれるのか――αバイアスとβバイアス

　性差ということばには，生物学的に備わった男女差と，社会文化的につくられた男女差の両方が含まれており，両者を区別するのは困難である。また，これまでの人間の歴史の中で，現象としての性差や性別による違いは，単なる差

や違いにとどまらず，区別や差別にまで利用されてきた。性差にこれほど興味がもたれるのは，性別により異なる扱いや差別を合理化するためか，反対にそのような扱いの非合理性を訴える根拠にするためでもある。たとえば，女子と男子の体力に差があるということにすれば，給食当番で女子は配膳・男子は運搬という役割は妥当なものだと主張しやすい。しかし，それは差別だと考える者は，性差より個人差の方が大きいとか，経験や訓練で違ってくると主張するより，体力に性差はないというデータがあれば，それに反論することができる。このように，差別をする側もされる側も，違いや差には敏感なものである。

　性差への興味は，実際以上に性差を大きく捉えようとする傾向か，あるいはその反対に，実際以上に性差を小さく捉えようとする傾向を生じさせやすい。前者を α バイアス（統計学では第1種の過誤の確率を α で表す），後者を β バイアス（同様に第2種の過誤の確率を β で表す）という。α バイアスは「女と男は違う」という前提をもつことで，本来ある男女の類似性をみえなくする危険性をはらむ。一方，β バイアスは「女と男は違わない」という前提をもつことで，生物学的な要因や性差別に起因する性差を覆い隠してしまうかもしれない。いずれかのバイアスをもつことで，同じ女性と男性を研究するにしても，非常に異なる研究方法と研究結果をもたらすのである。たとえば，差を出すために一方の性に有利な課題を用いたり，仮説を支持する結果だけを発表するということがないとはいえない。心理学の研究を利用する一般の人々も，自説に都合のよい研究結果だけを引用することがあるかもしれない。性差はないかもしれないし，あるかもしれない。あったとしても，生まれつきではなく経験や学習によってつくられたものかもしれない。

　カプランとカプラン（Caplan & Caplan, 2009）は，集団間の差異に関する「証拠」は，概して，1つの集団がもう1つの集団よりもよいということを「証明する」ために使われており，そのことを科学者は自覚しているのだから，彼らが何に動機づけられて研究しているのかを問う必要があると述べている。

差がある・ないとはどういうことか

　1970年代にマッコビィとジャクリン（Maccoby & Jacklin, 1974）は，それまでの性差研究を概観し，性差は人々が考えているほど多くはなく，明確に性差があるといえるのは，言語能力，視空間能力（空間配置や方向を視覚的に捉える能力），数学的能力，攻撃性の4つの領域に限定されると結論づけた。しかし，これらは心理学や実社会で重視されている能力や特性であり，人々の直感やステレオタイプと一致したことから，脳やホルモンによる説明と結びついて，いまだに確かなものであるように信じられている。

　何らかの特性や能力に男女差があるかどうかを決めるのは，実はとても難しいことである。たとえば，ある小学校で4年生の男女を10名ずつ無作為に選んで腕ずもうをさせた結果，男子が9勝1敗だったとする。この結果からすると，小学4年生の男子は女子よりも腕ずもうが強いといえそうである。しかし，ここでの結果は1つのケースにすぎず，小学4年生全体でみれば男女の力は互角なのだけれども，偶然にこのような結果が出たのかもしれない。では，6勝4敗だったらどうだろうか。本当は男子が強いとはいえないにしても，私たちは意外と簡単に，男子が強いと考えてしまうのではないだろうか。

　心理学の分野に限らず，何らかの処理をほどこした実験群と比較対象のための統制群の差を確かめる時，あるいは2つ以上の集団の差を確かめる時，統計的検定（有意性検定）という手続きを用いるのが通例である。そこで使われるのがおなじみのp値である。これは，帰無仮説（たとえば女性全体と男性全体では差がないという仮定）のもとで，観測された事象よりも極端なことが起こる確率のことである。帰無仮説が正しいのに棄却してしまう（第1種の過誤をおかす）確率であることから，これは危険率とも呼ばれている。そして，有意差があるかないかという判断には，伝統的にp値が5％未満であるという基準が用いられてきた。p値が0.05より小さい時に有意差があるといえるが，ここで，有意性検定というのはあくまでも確率的な判断であるということを忘れてはいけない。

　有意性検定の限界は，科学の世界全体に生じている「再現性の危機」の議論

とも関わっている。「再現性の危機」とは，元の研究と同じ方法を用いて追試を行っても同じ結果が得られない研究があまりにも多いことを警告したものである。心理学の研究は再現性がかなり低いといわれがちだが，再現性の基準いかんで高低の判断は異なるようである（Open Science Collaboration, 2015）。また，再現性が低いからといって意味のない研究とはいえない。人の多様性を研究する観点からは，研究参加者や研究方法や分析方法も多様にならざるをえないからである。

　「再現性の危機」は，心理学の研究が非科学的であることを意味しているわけではない。むしろ，再現性の高い研究はいかにして可能になるのかが問われているのである。たとえば，1つの論文の中で複数の研究の結果を掲載する，論文を投稿する際には事前に検定方法とそれに必要なサンプル数などを登録するなど，改善策が提案されている。

　こういったことをふまえると，私たちは，性差がみられたという1つの研究から，単純に性差があったと思いこむことは危険である。数多くの研究にあたってみること，そして，それぞれの研究におけるリサーチ・クェスチョン（研究の問い），研究仮説，研究方法が適切であるかについても吟味する必要がある。

性差の神話を打ち破れるか——メタ分析の功罪

　単一の研究から差があるかないかを判断することは危険であるし，また複数の研究結果に基づく場合でも，それらを主観的に判断しようとすると誤りをおかしやすい。そこで，メタ分析という方法が用いられる。メタ分析とは，たとえば言語能力について別々に行われた研究を総合して，データのばらつきをある要因（たとえば性別）によってどの程度説明できるかを推定する手続きである（Hyde, 2005; Hyde, 2014）。統計的指標としては，効果量（ある要因の効果の大きさ；effect size；ES）の平均が用いられる。図5-2は，よく用いられる効果量として，cohen の d 値（男性の平均−女性の平均／全体の分散）が0.2の場合の女性と男性の重なりぐあいを示している。

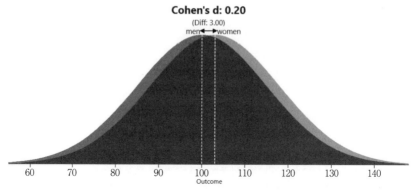

Cohen's d: 0.20
(Diff: 3.00)
men←→women

図5-2　効果量（*d*値）0.2を視覚的に表したもの

出所：Magnusson（2020）（https://rpsychologist.com/cohend/）.

　性差についてのメタ分析は，従来の仮説検証的な研究で発見されほぼ定説と
なっていた性差や，人々がステレオタイプ的に信じてきた性差が実際に存在す
るのかどうか，性差があるとすればどの程度の差なのかを検証することを主な
目的としている。そして，効果量を世代（コホート）別や，もっと細かな領域
別に比較することによって，性差の変動とその原因を推測しようとする。

　メタ分析の結果，これまで性差があるといわれてきた言語能力や数学的能力
は，全体としてみると効果量は0.1〜0.2程度であり，性差はきわめて小さい
ものだということがわかってきた（図5-2）。そこでハイド（Hyde, 2005）は，
「心理学的特性のほぼすべてにおいて男女は類似している。違いがあるのはご
く一部である（Males and females are similar on most, but not all, psychological
variables.）」という類似性仮説（gender similarity hypothesis）を唱えている。そ
の一部である攻撃性に関していえば，全体としての性差は中程度の0.5である
が，成人に限定すると0.3に減少する。視空間能力は全体としてはおよそ0.5の
性差を示すが，性差は思春期以降に大きくなり，心的回転（図形を心の中で回転
させる）を伴う課題で大きいこと（Hyde, 2005; Hyde, 2014），視空間能力の性差
は時代とともに小さくなっているというデータも示されている（Hyde, 2014）。

　認知能力，パーソナリティ，心理的健康など心理学的特性全体でみた時に性

表 5-1　メタ分析のレビューの結果（それぞれの範囲に含まれる d 値の割合）

d 値の範囲	0〜0.10	0.11〜0.35	0.36〜0.65	0.66〜1.00	>1.00
性差の大きさ	非常に小さい	小さい	中程度	大きい	非常に大きい
Hyde (2005) での研究数	37 (29.8%)	59 (47.6%)	19 (15.3%)	7 (5.6%)	2 (1.6%)
Zell et al. (2015) での研究数	152 (39.4%)	178 (46.1%)	46 (11.9%)	7 (1.8%)	3 (0.8%)

出所：筆者（青野）作成。

差がどの程度であるか，ハイド（Hyde, 2005）とゼルら（Zell, Krizan, & Teeter, 2015）を比べてみると，d 値の分布は表 5-1 に示すように，研究数が増えた近年の方が性差は縮まっている傾向がみてとれる。このことからも，性差は決して固定的なものではなく，社会的な要因によって変動するものであることがわかる。

性差研究の限界と可能性

　メタ分析は，効果量の大小と性差の大小を関連づけることによって，一方では性差の神話を覆しながら，他方では性差の見方を固定化している面もある。それは，メタ分析によって，とるに足りない小さな性差（たとえば効果量が0.2程度）だということが示されても，差には違いないという印象を人々に与えてしまうからである。大きな性差が示された場合には，性差は動かしがたいもののように受け止められるかもしれない。たとえば，心的回転を含むような視空間能力は中程度（効果量が0.5程度）の性差を示してきたので（近年では縮小しているというデータもある），現在までの研究では，この種の能力に性差があるといってもよいだろう。

　しかし，これを単純に，男女に固有な生物学的要因による差（セックス差）と決めつけることはできない。むしろ，これは，乳幼児期からの経験や学習によってもたらされた社会的な性差（ジェンダー差）であり，今後男女の経験が

似通ったものになるにつれて縮小するものだと考えられる。一方で，男女平等が進むにつれて，一部の特性においては性差が大きくなるというジェンダー・パラドクスの現象も指摘されている（第4章参照）。また，仮説通りの有意差が見出されなかった研究は公表されない傾向にある（これは「お蔵入り問題」と呼ばれている）。公表された研究と公表されなかった研究を比較すると，性差の指標となる効果量は前者の方が大きいという報告がある（Zell et al.〔2015〕では，d 値は0.24と0.19の違いがある）。

　さらに重要なのは，単なる性差の記述には意味がないということである。どのような状況で性差が生じるのか，なぜ性差が生じたのか，性差に影響を与えた要因を明らかにしなければいけない。また，これまであって当然だと思われていた性差が本当にあるのかどうか，疑ってみる必要がある。さらに，表面的には性差だとみえていたものが，実は他のことによってもたらされた差だという場合があり，これについての解明も必要である。性差があったとしても，それが社会的役割の違いや人生の選択に影響を与えるほどの意味があるのか，いったん割りあてられた役割は，固定化することにより性差を再生産することになるという問題もあるだろう。

　メタ分析では，非言語的行動は認知的能力や他の社会的行動よりも性差が大きいとされている。女性は男性よりもふるまいや空間使用が制限されていること，会話中の視線量が多いこと（その他の場合は視線をそらす傾向がある），愛想笑いが多いこと，接触されやすいことなどが挙げられる（Hall & Gunnery, 2013）。ところで，このような性差は，地位（支配性）の高い人と低い人との違いと類似しており，社会的にみて，相対的に男性は地位が高く，女性は低いために生じたものではないかと考えられる（青野，2012）。

第3節　心理学をつくり変える

第2波フェミニズムと心理学

　ここまで，学問上のジェンダー・ステレオタイプが性差別につながりかねな

いことを述べてきたが，性差別をなくすことは社会運動の一つにもなっており，これがフェミニズム（feminism）運動と呼ばれるものである。19世紀末から現在に至るまで大きく3度にわたる運動の高まりがあり，第1波フェミニズムはまず，女性の相続権，財産権，そして参政権を求める運動として始まった。日本で女性が選挙権を得るために奔走したのが市川房枝たちである（実現したのは第2次世界大戦後の1945年）。また，女性が子どもを産み育てる役割を，私的なものとみるか国家的事業とみるかの論争（母性保護論争）も行われた。与謝野晶子らは，女性の経済的自立が先決であり，国家による母性保護を否定したのに対して，平塚雷鳥らは，母親業は社会的な仕事であり，妊娠・出産・育児期にある女性は国家によって保護されるべきだと唱えた。

　第2波フェミニズムは，ウィメンズ・リブ（women's liberation）（日本では通称ウーマン・リブ）とも呼ばれ，1963年に出版されたベティ・フリーダンの *Feminine Mystique*（邦題は『新しい女性の創造』）が契機となっている。フリーダンは女子大学で心理学を学んでいたが，結婚のため博士課程への進学を断念したという苦い経験をもっていた。卒業生たちの多くが専業主婦となっており，家庭に埋没し自己実現できない身の上を嘆いていることを知り，女らしさの神話から脱却しければいけないことを訴えた。第2波フェミニズムは，政治や経済活動などの公的な領域は男性，家庭という私的領域は女性という性別分業と，女性に対する差別を問い直す運動として世界中に広がっていった。また，女性と男性が社会的に構築されたものという認識のもと，ジェンダーということばが使われるようになったのもこの時期である。

　他の学問と同じように，心理学でも長い間，男性心理学者が男性を研究し，男性に都合のよい理論をつくり上げてきた。男性用のものさしを女性にあてはめることになり，女性は男性より様々な面で劣るとみなされてきた。しかし，第2波フェミニズムは心理学にも影響を及ぼし，主として女性の研究者が，女性の視点から，女性も対象に加えて研究を進めるようになった。そして，ジェンダーの視点からの動機づけや，心理的成長のモデルを新たにつくり出そうという機運が高まってきたのである。

女性の視点からの心理学

　女性心理学者ホーナー（Horner, 1972）は，達成動機の研究の中から，女性には成功を求める動機や失敗を避ける動機の他に，成功を避ける動機があることを見出し，これを「成功恐怖（fear of success）」と名づけた。この概念は，女性の自立や達成がテーマとなっていた当時の社会で大きな反響を呼んだ。それは，成功恐怖という概念が，意欲や能力があってもなかなか成功のチャンスに出会えない女性の状況を手っとり早く説明することができるものであり，女性が成功しない原因を，女性の能力・意欲不足ではなく性別役割の否定的な影響だとした点で，女性にも受け入れられやすかったからだと考えられる。

　また，女性心理学者のギリガン（Gilligan, 1982）は，男性心理学者コールバーグ（Kohlberg, 1981）の道徳性に関する理論に異議を唱えた。コールバーグは，窃盗の是非を問うような課題を用いて道徳性の発達を研究し，最終的に人は「公正と正義」によって事の善悪を判断するようになると考えた。そして，女性でここまでたどりつく人は少なく，女性は道徳性において男性よりも劣っているとした。これに対してギリガンは，妊娠中絶の是非について女性の「声」を聞くという方法によって，女性の道徳性の発達が，男性とは別の道筋をたどることを示した。すなわち，男性は何が正しくて何が間違っているかということを正義感に基づいて判断するのに対して，女性は自己と他者に対する「配慮と責任」という点から判断するとしたのである。

　ところで，成功恐怖にしても，配慮と責任の道徳性にしても，はたして女性に特有のものだといえるだろうか。男女の経験や社会的背景が同じであれば，男女ともにもちうる特性なのではないだろうか。実際，その後の追試的研究で，成功恐怖は，女性にのみ現れるわけではなく，また女性があらゆる成功場面を避けるわけではないことが示され（Condry & Dyer, 1976; 堀野, 1995），女性と男性を同じ条件で直接比較すれば，道徳判断が異なることはないということがわかってきている（Kohlberg, Levine, & Hewer, 1983 など）。このことから，女性に視点をあてることで人間性の新たな側面が見出され，男性を含む人間全体の理解が進んでいくのだと考えられる。

フェミニズムの進展と心理学

　1980年代の終わりから1990年代にかけて起こった第3波フェミニズムは，第2波の問題意識を引き継ぎつつ，人種やセクシュアリティ，ポストコロニアリズムなどの問題の重要性を強調し，「多様性（ダイバーシティ）」や「交差性（インターセクショナリティ）」に注目するようになった。すなわち，これまでのフェミニズムは「男女」同権を究極の目標にしていたが，性差別は多くの差別問題と重なっていることから，社会構造そのものにふみこみ，多角的にジェンダーを捉える必要があると主張した。

　このような認識は，心理学を含む様々な学問のアプローチに影響を与えた。たとえば，ハーディング（Harding, 2006）の「スタンドポイント理論（standpoint theory）」では，一定の価値観に偏らず客観的であるとみなされてきた科学でさえ，その担い手や対象は特定の集団に偏り多様性を欠いていると主張される。そして，ジェンダーは常に，階級，人種，民族，セクシュアリティなど，それぞれの立場（stand-point）の重層的な関係において理解されるべきであるとされる。人種や階級が異なれば，女性の経験と環境も異なる。たとえば，一夫一妻制の日本での結婚と，一夫多妻制のアラブ諸国では結婚の意味が異なる。人々の日々の生活を理解することにより，そこに見出されるジェンダーによる不均衡な関係を分析することは，心理や社会を解明することになるのである。

　また，バー（Burr, 2015）は「社会構成（構築）主義（social constructionism）」の立場からの研究を推奨する。これは，伝統的心理学が準拠してきた実証主義（社会現象を，観察された事実のみに基づく実証的方法によって統一的に説明しようとする立場）や本質主義（ものの成り立ちを，決定的で，それ以外には考えられない1つないしは複数の特性から成り立つと考える立場）という見方に異議を唱え，実在していると思われていることは社会的に構成されたものであるとみなす。たとえば，女性とは何か，男性とは何かという定義も，最初から存在したものではなくつくられたものといえる。すなわち，私たちの思い描く世界は，客観的世界から生まれてくるのではなく，社会生活における人々の相互作用を通じてつくられる。そこで，言語表現に隠された意味を分析する言説（ディスコース）

分析が用いられる。

　さらに，バーマン（Burman, 2008）は，研究を方向づける前提を精査する分析手法として「脱構築（deconstruction）」という考え方を提唱している。彼女は，どのようなアプローチや立場であっても人間と社会の理解には限界があり，唯一正当なものはないと主張する。たとえば，発達心理学の様々な概念は，その時々の時代や社会の要請によって登場し，心理学の研究が知識をつくり出し，それを人々に情報として伝える。一例として，愛着の概念は，第2次世界大戦後に戦争孤児の救済のためにつくられたものであるが，家庭的な育児や母親的養育の重要性は現代まで主張され続けている。母性にまつわる言説と心理学理論との親しい関係を批判的に読み解くことが脱構築であり，これも重要な心理学の課題なのである。

　フェミニズムの影響は，近年の心理学の研究にどのような形で表れているのだろうか。女性やジェンダーの問題に関する論文を多く掲載している学術雑誌からその動向を知ることができるかもしれない。たとえば，*Psychology of Women Quarterly* という学術雑誌に掲載された近年の論文のタイトルをみると，多様なジェンダー・人種・セクシュアリティにわたり多様な問題が扱われており，社会文化的な視点から問題にアプローチしていることがわかる（コラム5-1）。

女性・ジェンダーの心理学は何を研究するの？

アメリカ心理学会（American Psychological Association）には現在56の部会（Division）があるが，35番目にできたのが「女性心理学部会」である。ちなみに，「男性研究部会」は51番目にできた部会である。女性心理学部会は *Psychology of Women Quarterly* という機関紙を発行している。この雑誌の最近の 2 号分に掲載された論文のタイトルは下記の通りである。

〇第44巻第 4 号（2020年12月）
- 独身の社会化――黒人女性のシングルライフを形成する個人的，対人的，社会文化的要因
- 恥にさいなまれる――黒人女性大学生の家族による性的社会化の研究
- ジェンダー，力の感覚，リードしたい欲求――なぜ女性は男性が多いグループでリーダーになりたがらないのか
- 同化は信ぴょう性を損なう――男性的文脈における女性の男性的自己呈示の結果
- 乳房が最良（とみなされる）――授乳の常とう句がもつスティグマの検証
- 物象化と母性の研究の体系的文献レビュー
- 親密な関係における暴力（IPV）によるPTSDをもつシェルター在住の女性たちに対する希望療法と現在中心

療法の比較
〇第45巻第 1 号（2021年 3 月）
- 社会生態学的につくられた性的侵害の諸類型
- 性的侵害に抵抗する教育プログラムの効果検証
- IPV サバイバーに対する社会的反応――社会的抵抗に関する質問紙から得られた主要な構成概念の質的妥当性
- 性差別主義と親密関係における女性の暴力使用――国家単位の女性のサンプルからの結果
- なぜそれほど少ないのか？――STEM分野の採用におけるジェンダー・ギャップの枠づけの異なる効果
- 彼もそうかもしれない――父親への偏見を強調することにより男性科学者に同一視する女性
- 経時的なジェンダー・ステレオタイプの変化――コンピュータ分析
- 若い女性のオンライン上のセックス・トーク――知覚された適切さと行動意図における匿名性，社会的接触，文化的背景の役割

　これらの研究テーマは，すべてが心理学のテーマでもあり，かつ，すべてがジェンダーのテーマでもある。また，不合理なジェンダー格差を解消しようとい

うフェミニズムの視点を含んでいる。こ
ういった研究のジャンルは「ジェンダー
心理学」と呼べるものであり，日本でも

このような研究が増えていくことが期待
される。

引用文献

青野篤子（1993）．心理学概論書における母子関係の取扱い　心理学評論, *36*, 288-315.

Aono, A. (2010). Women and men in Japanese developmental psychology. *BPS Psychology of Women Section Annual Conference* 14th-16th（Windsor, UK）.

青野篤子（2012）．非言語的行動とジェンダー　深田博巳（監修・編著）　社会心理学　心理学の新世紀2（pp. 381-400）　ミネルヴァ書房

Aono, A., & Kashiwagi, K. (2011). Myth or fact: Conceptions and realities of Japanese women/mothers. *Feminism & Psychology, 21*, 515-520.

Baron-Cohen, S. (2003). *The essential difference.* New York: Perseus Books.（バロン＝コーエン, S.　三宅真砂子（訳）（2005）．共感する女脳, システム化する男脳　NHK出版）

Bowlby, J. (1969). *Attachment and loss. Vol. 1, Attachment.* London: Hogarth Press.（ボウルビィ, J.　黒田実郎・大羽葵・岡田洋子（訳）（1976）．母子関係の理論①　愛着行動　岩崎学術出版）

Burman, E. (2008). *Deconstructing developmental psychology* (2nd ed.). London: Routledge.（バーマン, E.　青野篤子・村本邦子（監訳）（2012）．発達心理学の脱構築　ミネルヴァ書房）

Burr, V. (2015). *Social constructionism* (3rd ed.). London: Routledge.（バー, V.　田中一彦・大橋靖史（訳）（2018）．ソーシャル・コンストラクショニズム──ディスコース・主体性・身体性　川島書店）

Caplan, P. J., & Caplan, J. B. (2009). *Thinking critically about research on sex and gender* (3rd ed.). Boston: Allyn & Bacon.（カプラン, P.・カプラン, J.　森永康子（訳）（2010）．認知や行動に性差はあるのか──科学的研究を批判的に読み解く　北大路書房）

Condry, J., & Dyer, S. (1976). Fear of success: Attribution of cause to the victim. *Journal of Social Issues, 32* (3), 63-83.

Erikson, E. H. (1964). Inner and outer space: Reflections on womanhood. *Daedalus, 93*, 582-606.

Fausto-Sterling, A. (1985). *Myths of gender: Biological theories about women and men.* New York: Basic Books.（ファウスト-スターリング, A.　池上千寿子・根岸悦子（訳）（1990）．ジェンダーの神話──「性差の科学」の偏見とトリック　工作舎）

Fausto-Sterling, A. (2012). *Sex/gender: Biology in a society*. New York: Routledge.
（ファウスト-スターリング，A. 福富護・上瀬由美子・宇井美代子・立脇洋介・西
山千恵子・関口元子（訳）(2016). セックス／ジェンダー——性分化をとらえ直す
世織書房）

Fine, C. (2011). *Delusions of gender: How our minds, society, and neurosexism create
difference*. New York: W. W. Norton & Company.

Fonagy, P. (2001). *Attachment theory and psychoanalysis*. London: Cathy Miller
Foreign Rights Agency. （フォナギー，P. 遠藤利彦・北山修（監訳）(2008). 愛
着理論と精神分析 誠信書房）

Freud, S. (1925). Eimige psychische Folgen des anatomischen Geschlechtsunterschiedes.
Internationale Zeitschrift für Psychoanalyse, Bd. XI. （フロイト，S. 懸田克躬・吉
村博次（訳）(1969). 解剖学的な性の差別の心的帰結の2，3について フロイト
著作集 第5集（pp. 161-170） 人文書院）

Friedan, B. (1963). *The feminine mystique*. New York: Norton. （フリーダン，B. 三
浦富美子（訳）(1965)（増補版1986，改訂版2004）. 新しい女性の創造 大和書房）

Gilligan, C. (1982). *In a different voice*. Cambridge, MA: Harvard University Press.
（ギリガン，C. 岩男寿美子（監訳）(1986). もうひとつの声 川島書店）

Gowaty, P. A. (2001). Women, psychology, and evolution. In R. Unger (Ed.), *Handbook
of the psychology of women and gender* (pp. 53-65). New York: John Wiley &
sons. （ゴワティ，P. 根ケ山多嘉子（訳）(2004). 女性，心理，進化 森永康子・
青野篤子・福富護（監訳） 女性のジェンダーの心理学ハンドブック（pp. 61-77）
北大路書房）

Hall, J. A., & Gunnery, S. D. (2013). Gender differences in nonverbal communication.
In J. A. Hall & M. L. Knapp (Eds.), *Handbooks of communication science.
Nonverbal communication* (pp. 639-669). Berlin: De Gruyter Mouton.

Harding, S. (2006). *Science and social inequality: Feminist and postcolonial issues*.
Champaign, IL: University of Illinois Press. （ハーディング，S. 森永康子（訳）
(2009). 科学と社会的不平等——フェミニズム，ポストコロニアリズムからの科学
批判 北大路書房）

長谷川真理子（2001）. 進化心理学の展望 科学哲学，*34*, 11-23.

長谷川寿一・東條正城・大島尚・丹野義彦・廣中直行（2000）. はじめて出会う心理学
改訂版 有斐閣

八田武志（2013）. 「左脳・右脳神話」の誤解を解く 化学同人

Hines, M. (2010). Sex-related variation in human behavior and the brain. *Trends in Cognitive Sciences, 14,* 448-456.

平石界（2000）．進化心理学——理論と実証研究の紹介　*Cognitive Studies, 7,* 341-356.

堀野緑（1995）．成功恐怖研究の再検討　心理学評論, *38*（2），301-319.

Horner, M. (1972). Toward an understanding of achievement-related conflicts in women. *Journal of Social Issues, 28,* 157-176.

Hrdy, S. B. (1981). *The women that never evolved.* Cambridge, MA: Harvard University Press.（フルディ, S. B.　加藤泰健・松本亮三（訳）（1989）．女性の進化論　思索社）

Hyde, J. S. (2005). The gender similarities hypothesis. *American Psychologist, 60*（6），581-592.

Hyde, J. S. (2014). Gender similarities and differences. *Annual Review of Psychology, 65,* 373-398.

Kohlberg, L. (1981). *The philosophy of moral development: Essays on moral development.* Vols. I & II. San Francisco: Harper & Row.

Kohlberg, L., Levine, C., & Hewer, A. (1983). *Moral stages: A current formulation and response to critics.* Basel: Karger.（コールバーグ, L.・レバイン, C.・ヒューアー, A.　片瀬一男・高橋征二（訳）（1992）．道徳性の発達段階——コールバーグ理論をめぐる論争への回答（pp. 191-239）　新曜社）

Maccoby, E. E., & Jacklin, C. (1974). *The psychology of sex differences.* Stanford, CA: Stanford University Press.

Magnusson, K. (2020). Interpreting Cohen's d effect size: An interactive visualization (Version 2.4.2)［Web App］. R Psychologist.　https://rpsychologist.com/cohend/（2021年11月20日閲覧）

Open Science Collaboration (2015). Estimating the reproducibility of psychological science. *Science, 349*（6251），［aac4716］.　https://doi.org/10.1126/science.aac4716

Pease, A., & Pease, B. (2001). *Why men don't listen and women can't read maps: How we're different and what to do about it.* UK: Orion.（ピース, A.・ピース, B.　藤井留美（訳）（2015）．新装版　話を聞かない男，地図が読めない女　主婦の友社）

Schmitt, D. P. (2016). Fundamentals of human mating strategies. In D. M. Buss (Ed.), *Handbook of evolutionary psychology* (2nd ed.) (pp. 294-316). Hoboken, NJ: Wiley.

Stewart-Williams, S., & Thomas, A. G. (2013). The ape that thought it was a peacock:

Does evolutionary psychology exaggerate human sex differences? *Psychological Inquiry, 24*, 137-168.

Zell, E., Krizan, Z., & Teeter, S. R. (2015). Evaluating gender similarities and differences using metasynthesis. *American Psychologist, 70* (1), 10-20.

（読者のための参考図書）

バニスター，P.・バーマン，E.・パーカー・I.・テイラー，M.・ティンダール，C. 五十嵐靖博・河野哲也（監訳）田辺肇・金丸隆太（訳）（2008）. 質的心理学研究法入門――リフレキシビティの視点　新曜社

＊観察，インタビュー，ディスコース分析，アクションリサーチ，フェミニスト研究など代表的な質的研究法を概説している。具体的な研究例が紹介され，研究者・研究参加者の関係，研究倫理についても言及がある。

カプラン，P.・カプラン，J. 森永康子（訳）（2010）. 認知や行動に性差はあるのか――科学的研究を批判的に読み解く　北大路書房

＊性差に関する俗説は，一般社会のみならず心理学の世界にもはびこっている。心理学の研究が陥りがちな問題を一般の人にもわかりやすく解説してあるので，心理学を学ぶ人たちにすすめたい本である。

サイニー，A. 東郷えりか（訳）（2019）. 科学の女性差別とたたかう――脳科学から人類の進化史まで　作品社

＊著者はイギリスの科学ジャーナリスト。神経科学，医学，進化生物学，心理学などの研究成果を徹底的に検証し，それらの研究が，いかに確証が得られていないにもかかわらず世間に出回り，ジェンダー・ステレオタイプを補強しているかを暴露している。通説や定説を覆す研究知見は，ジェンダー・ステレオタイプを打破するうえで非常に参考になる。

第6章

ジェンダー社会の変容
——ステレオタイプといかに向き合うか

　　これまでの章で，セックスとジェンダー，ジェンダー・ステレオタイプをつくり出す心や社会のしくみ，ジェンダー・ステレオタイプによってつくり出される新たな「現実」や，心に及ぼす影響などについて考えてきた。オス・メスという雌雄性が，ヒトという種の存続のためにも役立つことは確かである。ところが，この生物学的性（セックス）とは必ずしも重ならない社会的性（ジェンダー）というものが，社会で共有された「男女」の思いこみであるジェンダー・ステレオタイプとしてつくり出されることにより，生殖とは無関係の社会的役割にまで広げられてきた。そして，社会を構成するあらゆる個人の奥深くに存在し，世代を超えて社会の中で伝わり，ジェンダー社会を永続させ，それに伴う問題を引き起こしてきた。

　　こうしたジェンダー・ステレオタイプの特性をふまえたうえで，本章では，ジェンダー社会をどう変容させることができるかを考えていきたい。第1節では，日々維持され強化され続ける，変容しにくいステレオタイプについて，第2節では，ステレオタイプの変容を可能とする条件とその具体的事例について，第3節では，個人が性のあり方の多様性を知り，ジェンダー社会を打破することについて，第4節では，連帯によりジェンダー社会を打破していくことについて論じたい。

第1節　変容しにくいジェンダー・ステレオタイプ

女性は仕事も家庭も？

　日本が急激な少子高齢化による労働力不足に見舞われてから久しい。そこで潜在的な労働力である女性を活用するため，2015年に女性活躍推進法（「女性の職業生活における活躍の推進に関する法律」）がつくられた。また，2017年には働き方改革を推進するための法律が公布され，働きすぎを防ぐためのワーク・ライフ・バランスと個々の事情に応じた「多様で柔軟な働き方」が，男女双方に対して奨励されるようになった。この背景には，世界的な広がりをみせている新自由主義の影響がある。つまり，個人は自由に生き方や働き方を選ぶことができ，そこで成功するも失敗するも個人の責任，という考え方である。

　しかし，女性が仕事か家庭かの二者択一で悩むことなく，仕事も家庭も選べる時代になったというのは錯覚であり，あくまでも女性が家庭を守ることが前提である。日本政府が打ち出した女性活躍推進法や働き方改革は，女性の権利や自立を保証するものではなく，人口減少・労働力不足を解決するために女性を「活用」しようというものである。多様な働き方，ワーク・ライフ・バランスの名のもとで，女性には，育児や介護という福祉の肩代わりと労働力の調整弁の役割を果たすような働き方として，パートタイマーや派遣労働など非正規雇用の比重が高まっている。働き方改革と女性活躍がセットになったことで，日本女性はこれまで以上に大きな負担を強いられているのではないだろうか。

　ちなみに，男性の立場からワーク・ライフ・バランスを考えると，仕事だけではなく家庭のことにも時間やエネルギーを注ぐように促すものであるが，男性が主たる家計維持の責任を負っていることには変わりない。残業手当や税制面での配偶者控除をあてにした家計のやりくりが難しくなることで，副業をもつことさえ奨励されているのが現実である。やはり女性が家庭を守るという内助の功が必要なのである。女性の側も，働きに出たいと思っている場合でも，その代わりに夫が働かなくなってもよいとは考えないであろう。男性のような

条件や給与で働けないという現実の前では，現状に妥協せざるをえないのである。

　2020年に勃発した新型コロナウイルス感染症の流行により「ステイ・ホーム」が奨励され，在宅勤務（テレワーク，リモートワーク）が大きな広がりをみせつつある。男性も家庭に滞在する時間が増え，ワーク・ライフ・バランスの実現に一歩近づくとの期待も寄せられた。しかし現実は，女性の家事・育児の負担が増大する傾向にあるといわれている。男性が女性と同等に家事・育児に取り組まない（できない）ばかりか，コミュニケーションがうまくとれずにストレスが溜まり，最悪の場合にはDVや離婚に発展したケースも少なくない。ワーク・ライフ・バランスというのは，女性の職場進出と男性の家事・育児参加がセットにならなければ，実効性のないスローガンとなってしまう。

男らしさとケア役割は矛盾する？

　これまでは，強くたくましく，家庭や家族を顧みることなく主体的に仕事に打ちこみ，社会的成功をおさめ，多くの稼ぎを得ることが男らしいとのステレオタイプがあった。それが今では少しずつ変化して，男性の行動変容が起こっているといえるだろう。たとえば，おしゃれや化粧を楽しむこと，スイーツをたしなむことなどは，女性の専売特許ではなくなっている。また，最近では，家事や料理をする男性は珍しくない。

　では，育児はどうだろうか。2000年頃にイケメンの類語として「イクメン」（育児に積極的な男性の意味）ということばが使われるようになった。イクメンということばの浸透により，男性が育児の役割を担うようになったと考える向きもあるであろう。しかし，その変化は微々たるものである。そして相変わらず，育児をする男性は例外的だから注目されているのである。現在でも日本男性の育児時間は先進諸国の中で最低であり，男性が子育てや家事に費やす時間をみると，1日あたり女性5時間に対して男性は1時間程度である（内閣府，2017）。また，男性の育児の中身をみると，食事の世話やおむつ替え，泣いた時にあやすなどのケア役割の行動は少なく，何かを教えたり一緒に遊んだりするタイプ

の行動が中心になっており，育児行動においてもジェンダー差がみられる。

　これまで主に女性が担ってきたもう 1 つのケア役割が介護である。育児と同じように，介護をする男性もまだまだ少数派であるが，近年の特徴として，独身でいる男性が増えたことで，息子が親の介護をするケースが増えていることが挙げられる。北本・黒田（2019）によれば，主介護者のうち，息子は2001年に10.7％だったのが2016年には17.2％となり，息子の配偶者（31.0％から16.3％）や娘（17.3％から16.3％）の場合と僅差になろうとしている。その結果として，要介護高齢者に対する虐待加害者のうち，息子が40.5％，夫が21.5％，娘が17.0％であり，息子が最も多くなっている（厚生労働省，2019）。なぜ実の子どもである息子による虐待が多いのだろうか。平山（2017）によると，同じ男性による介護でも，夫が要介護の妻に向き合う場合と，息子が要介護の親に向き合う場合では違いが大きいという。男性は，自分のことは自分ででき，人に寄りかからずに生きていけるのが一人前だという「自律と自立」の規範に縛られている。そのため，かつては「自律と自立」のモデルであった親が弱ってきて，人に依存せざるをえなくなったことを，息子はなかなか受け入れることができず，虐待してしまうというのである。

　育児も介護も，弱い人や助けが必要な人に対してケアの役割を引き受けることである。しかし，男性の場合，男らしさの神話や男性は強くあるべきというステレオタイプがそれを阻害しているのだといえよう。ただし，ケアは女性にしても男性にしても個人の努力には限界がある。ジェンダーを超えて，社会全体で保障していく必要がある（コラム 6 - 1）。

男性も抑圧されている？

　ジェンダーに対する市民意識調査などの項目としてよく使用されるのが，「男は仕事・女は家庭」に同感する割合である。男女の割合を比べると，「男性は女性よりジェンダー支持の意識をもち続けている。早く意識改革をすべきだ」との主張をよくみかける。こうした主張は，はたしてジェンダー社会を変え，ジェンダー平等を促すのだろうか。男女の違いを顕在化させると，人々の

ケアを社会全体で保障する

家族には，生きるためのケアを受けなければ1日とて生きていけない乳幼児や，高齢者・障がい者などを保護する機能を果たすことが期待されているが，家族の中で誰がそのケアを行っているかといえば，それは大半が母親であり，妻であり，娘である。家庭領域でのカップル単位社会（第3章参照）が，ケアもジェンダー化させている。そこで，これに代わる社会として，伊田（1995）は個人（シングル）単位社会を提唱しているのだが，ケアが必要な者が社会生活において「個人」として生きるしくみをつくることは困難である。

ならば，ケアが必要な人とケアを担う人（ケアラー）が「ケア単位」となり，それを社会の最小単位とみなすのはどうであろうか。この提案は，ファインマン（Fineman, 1995）に基づくものである。そこでは，第1に，性的家族（異性愛の男女の結びつきを本質とする家族のこと）に対する法的支援を廃止することが

提唱されている。これは，夫婦の結びつきをなくすのではなく，ケアされる必要のない配偶者への優遇措置はしないという意味である。第2に，ケアする人とされる人からなるケア単位への保護が提唱されている。子どもを産んだ母親だけに子育ての責任があるのではなく，また，たまたま同居している息子に老親に対する介護の責任があるのではなく，ケアが必要な人には社会としてケアする責任があるとみなす。つまり，家族内でケアをしている人に対する保障を，社会が引き受けるのである。

ケアが社会化され，「ケア単位」が社会的に保障されることで，女性が無償労働として妻・母役割に従事することを前提とした社会生活は打破でき，家庭内でケアをする人の社会生活（就労など）への制約をなくすことが可能となり，ひいては家庭での女性役割に伴うステレオタイプも緩和されることが期待できる。

認知に「同化と対比」（第2章参照）が発生する。男性ならば皆，性別役割分業に賛成で，女性ならば皆反対，という誤った認知を生む。これでは，たとえ男性の中に性別役割分業に反対の人がいても，女性たちはその男性を敵対視することにもなる。性別役割分業に同感する一味として扱われるからである。同様に，たとえ女性の中に性別役割分業に賛成している人がいても，女性たちは，その女性を仲間だと思ってしまう。では，実際には，男性は女性と同様に社会からの抑圧を受け，女性と同様の悩みや不満を抱いているのだろうか。

　日本では，第2波フェミニズムから「女性学」という新たな学問領域が生まれた。それから10年ほど遅れて「男性学」が登場する。男性学には大きく2つの流れがあり，フェミニズムに共感し，男性の立場から男性優位社会を批判していこうというもの（pro-feminism）と，男性としての生きにくさや自分らしさを阻害する伝統的な男性性を自覚して，それからの解放を目指すもの（men's liberation）とがあった。

　後者は，男性には主たる家計支持者として（稼得役割）の責任，仕事のストレス，過労死，自殺，ひきこもり，低収入による未婚など，女性以上に重圧がかかっており，男らしさの鎧をかぶって悪戦苦闘していると考える立場である。つまり，男性は女性を抑圧するどころか，社会から抑圧を受けているという自覚から出発する。海妻（2019）は，日本ではこの立場をとる男性学が主流であるとし，「研究者自身の男性としての被抑圧経験を重要視する当事者主義を特徴」としていると述べている。これに対して，欧米では「CSMM（Critical Studies on Men and Masculinities；男性（性）批判研究）」と呼ばれることが多いそうである。平山（2017）も，男性は「下駄をはかせてもらっている」状況を無視していると述べている。つまり，男性は自分たちの生きにくさや被差別感を訴えたとしても，その原因をつくっているのは男性優位社会であって，自らの加害者性というものに自覚的でなければいけないのである。フェミニズムの目標は，女性が男性並みになることでも男性が女性に優しくなることでもない。双方が個として自立することであり，個としての権利を追求することである。そのためには，既存の男性優位社会と，そこで温存されてきた女らしさ・男ら

しさの神話を「共に」打ち砕いていく必要がある。家父長制を基盤とした男性優位社会は，女性にとっても男性にとっても敵となるはずである。

第2節　ジェンダー・ステレオタイプの変容

直接的・間接的反証情報の提示

　第2章第2節では，もともと関連のない特性同士を関連づけることによってステレオタイプがつくられることを説明した。図6-1において，A：BとC：Dが同一，すなわち「感情的な」女性と「感情的な」男性の比率が同じであった場合でも，弱小集団である女性において，社会的に好ましくない特性をもつ者（「感情的な」人）の比率は実際以上に多く見積もられる。このようにしてつくられたステレオタイプを変えるためには，まず，「感情的でない」女性（図6-1のB）の例を示すことが効果的である。この直接的反証情報の提示の効果的な方法には，大きく次の2つがある（Johnston & Hewstone, 1992）。

① 　加算モデル

　小さな水の流れでも石が少しずつ削られていくように，反証情報の一つひとつがステレオタイプの変容に効果をもつ。そして，反証情報は多い方が効果的である。つまり「感情的でない」女性の行動に多く出会えば出会うほど，ステレオタイプは弱くなるという考え方である。

② 　集中モデル

　劇的でよく目立つ事例によってステレオタイプの変容がもたらされる。つまり際立って「感情的でない」少数の女性に出会うことが効果的だという考え方である。しかし，反証情報の集中はサブタイプ化（第2章第2節参照）をもたらす逆効果もあるので分散したほうがよいという逆の考え方もある。

　ステレオタイプに反する事例には，様々な分野でのパイオニア（先駆者）が該当する。ただし，パイオニアたちがサブタイプ化されてしまうと，「女性」という集団全体に対する見方は変わっていかない（Kunda & Oleson, 1995）。したがって，ステレオタイプの反証事例となった人が，集団の一員だと認められ

	感情的な	感情的でない
女性	A	B
男性	C	D

図 6-1　2 種類の反証情報

出所：筆者（土肥）作成。

ていることが必要である。これにより，サブタイプ化されずに「多様性」となりうるのである。

　コラム 6-2 には，ステレオタイプを打破したパイオニアたちの例を示している。他にも，マラソン大会に男性しか参加できなかった時代に，ゼッケンをつけずに走った女性や，女であることがわからないようにして参加した女性は，「女性にとってマラソンは過酷過ぎて，完走できない」というステレオタイプを打破した。これにより，女子マラソンはオリンピックの正式種目にもなっていった。現在でも，リーダー的役割や意思決定をする立場にいる女性は少ない。特に日本では，政治・経済の分野でその傾向が顕著である。そのような中，パイオニア的存在の女性が女性のロール・モデルになることの影響についての研究が蓄積されている（Olsson & Martiny, 2018）。ロール・モデルは，ステレオタイプの反証情報が特定の人に集中しているケースにあたる。しかしこれには，サブタイプ化が生じない程度の数が必要である。これにより，女性はリーダーではないとする潜在的ジェンダー・ステレオタイプが低減されることが実証されている（Dasgupta & Asgari, 2004）。

　さらに，理論的には「感情的な男性」（図 6-1 の C）についての情報を与えることも，ステレオタイプを弱めるのに有効だと考えられる。これは間接的反証情報と呼ばれ，唐澤（1993）は，国家間のステレオタイプでその有効性を実証している。

メタ認知──ジェンダー・ステレオタイプを自覚する

　メタ認知とは，たとえば，受験勉強で英単語を暗記している時の「自分は今，この単語とこの単語は覚えているが，この単語はまだきちんとは覚えていない

時代に先駆けた女性たち

① NASAの数学者たち

2020年2月, アフリカ系アメリカ人の
キャサリン・ジョンソンという女性が
101歳で亡くなったというニュースが世
界を駆けめぐった。彼女は小さい頃から
数学に卓越し, まだ女性差別や人種差別
が色濃く残っていた1953年に, NASA
(当時はNACA) で計算手として働き始
めた。その頃は米ソ間の宇宙開発が激化
していたが, 電子計算機はまだ普及して
おらず, 宇宙船の軌道を計算するのも人
手に頼っていたのである。マーキュリー
計画でアメリカ人として初めて地球を周
回した宇宙飛行士のジョン・グレンは,
打ち上げの前にコンピュータ (機械) に
よる計算を完全には信じられず, ジョン
ソンに検算を頼み, 安心して宇宙船に乗
りこんだというエピソードが残っている
という。

ドロシー・ヴォーン, メアリー・ジャ
クソンとともに, アフリカ系女性たちが
困難な環境で有人宇宙飛行に向けて活躍
する様子は, 映画『Hidden Figures』
(邦題『ドリーム』) でも描かれている。
宇宙・数学に強い女性はいつの時代にも
いるのだが, このように裏方で活躍して
いるというのは残念なことである。この
エピソードは, 鈴木 (2018) に紹介され
ている。

② 働く人たち

「はたらくおじさん」という小学校2
年生向けのNHK教育テレビの社会科番
組が, 1961年4月から1982年3月まで放
送されていた。高度経済成長時代であっ
たその頃は, 現在と比べれば, 男性だけ
が職業をもち, 女性は専業主婦になる割
合が確かに高かった。しかしそうした時
代にあっても, 時代をリードするかのご
とく, 黙々と働いてきた女性たちはいた。
そして, 1984年4月からは番組名が「は
たらくひとたち」に変わった。様々な職
業に就いて働いているのはおじさんだけ
ではなく, おばさんも雇用されて働いて
いること, 人の働き方は十人十色で多様
性があるという当たり前のことが, よう
やく広く認識されるようになったのであ
る。また, 雇用という形ではなくとも,
女性は戦前から家業の担い手として働き
続けてきた。したがって, 雇用されて働
く女性たちだけが「時代のリーダー」で
あるというのは違うかもしれない。しか
し, 彼女たちのおかげで, 「働いている
のはおじさん」というジェンダー・ステ
レオタイプは是正されたのである (この
番組は1992年に終了している)。

③ 旧姓使用のきっかけをつくった女性
研究者

ジェンダー・ステレオタイプを打破する,
より積極的なアクションを起こした, 国
立大学の女性研究者がいる。論文を発表

する研究者にとって，結婚を機に名前が変わったことで別人とみなされ，執筆した論文の数が少ないと誤解されることは，大きな損失である。そこで，1988年，国などに旧姓の通称使用を求める訴訟を起こし，論文などで旧姓使用を認めることで国と和解した。その後，2001年に公務員の旧姓使用が可能となり（各省庁人事担当課長会議申合せによる「国の行政機関での職員の旧姓使用について」），民間の企業でも旧姓使用が広がってきた。

この例のように，パイオニアが直接法律に疑問を投げかけ，それによって旧姓使用が実現したのであるが，このことは，女性にとって仕事は重要ではないとか，女性は夫に従い社会的な場で活躍はしないもの，という古びたジェンダー・ステレオタイプに気づかせ，それを打破する

ために多大な効果があった。そして，旧姓使用の論文などを目にする機会が増えることで，女性が結婚により社会的アイデンティティを分断されたり人生を左右されることを当然視するようなことも，減っていくであろう。

また，この旧姓使用の問題以前に，家父長制の名残が，このジェンダー・ステレオタイプに加担していることを忘れてはいけない。つまり，現代においても，女性が結婚により改姓することが当然視されていることである。2021年現在，残念ながら「選択的夫婦別姓」の法制化はなかなか実現の兆しがみられないが，結婚しても旧姓を使用するなどの反証情報が増えれば，ステレオタイプは弱まっていくに違いない。

ぞ」といったような自分の認知活動についての理解である。自分がステレオタイプをもっていることを自覚し，ステレオタイプが自分や他人についての見方を歪めたり狭めたりすることを知っておくことも一種のメタ認知といえる。本書では，ジェンダー・ステレオタイプの内容と形成・維持・強化の過程を詳しく述べてきた。これらを理解することによって，女性と男性についての見方を問い直すメタ認知的な知識が獲得されたであろう。それゆえ，ジェンダー・ステレオタイプを「思いこみ」，「演じ」，また他人に「期待する」などして，自らも維持・強化に加担しかねないことに自覚的になるだろう。

　なお近年，企業研修などで，社員に対して，ステレオタイプが無意識の偏見となったアンコンシャス・バイアス（unconscious bias）（第2章参照）に気づかせようとする動きが目立つようになってきた。フィルットとカアツとカーネス（Filut, Kaatz, & Carnes, 2017）は，アンコンシャス・バイアスの克服のために，以下の5項目の行動戦略を提起した。①固定概念を除外する。たとえば，自分がジェンダー・バイアスのかかったイメージを抱いていることを認め，意識的に「実はそうではない」という正しい情報と入れ替える。②固定概念に反する肯定的なイメージをもつ。たとえば，伝統的には男性の職位だったものに女性が応募し，それを評価する際，有能な女性リーダー像をあらかじめ具体的に頭の中で描いておく。③視点取得をする。たとえば，女性であるがために資質を問われたり職務上有能でないとみなされる女性の身になって考える。④個性化する。たとえば，ある女性についての個人情報を取得したうえで，その人についての判断を下す。⑤固定観念に反する事例とふれ合う機会を増やす。たとえば，職歴が長い，もしくは上級専門職の女性と会って，その人たちの考えやヴィジョンを聞き，話し合いの場をもつ。

身近な情報環境を変え，潜在的態度を変容させる一助に

　池上（2014）は，差別・偏見問題の解決方法の一つとして，人為的に身近な情報を変えることがあると考えた。集団に対する態度には，顕在的態度と潜在的態度があり，顕在的態度は意志の力で意識的に変容させることができるのに

対して，潜在的態度は様々な情報に接触する過程で無自覚に形成されるため，本人の意識的・能動的選択の余地なく，周囲の情報環境がそのまま反映されると考えられてきた。それを逆手にとって考えてみると，周囲の情報環境を変えれば潜在的態度を変容させることが可能になるはずなのである。そして，身近な情報環境の変容例の効果を示唆する研究として，「障害者」を「障がい者」とひらがな表記することで，限定的ではあるがイメージの好転がみられた例（栗田・楠見，2010）がある。

　学術論文における情報環境の変容も，効果が期待できるのではないか。心理学の研究論文では，研究参加者の性別内訳を記す際，「研究参加者○名（男性○名，女性○名）」といった具合に，男性が先で女性が後に記載されることがほとんどである。これを，人数が多い方を先に記載するルールにしてはどうだろう。これにより，社会の中心にいるのは男性である，といったステレオタイプを弱める情報環境づくりに一役買え，潜在的態度の変容につながることが期待できる。また，性別をたずねる欄は，男性・女性のいずれかを選択する形式がほとんどであるが，二者択一ではなく，「その他」「答えたくない」という選択肢を加えたり，自由回答形式で自分の性を回答してもらうことも，性の多様性を認識させる情報環境をつくることができよう。

第3節　多様性によりジェンダー社会を変える

自分の殻を破ろう──ファッションで別のジェンダーへ

　一昔前，若い男性たちが，母親から借用したスカートやブラウス，ファーつきの衣服，光り物，ソフト素材の服，ヒールの靴，ピアス，アクセサリーなど，これまでは女性特有のものと考えられてきた被服行動をするようになった。今や一時的な流行ではなく日常的なことになっている。ごく普通の男性も，一見男性用の服にみえて実は女性服売場で買ったものや，ガールフレンドから借りた服を着用したりしている。ちなみに女性が男性用の服を着るのは，それよりも前から珍しいことではない。このように異性の服だと本人が認識したうえで，

あえてそうした服を着用するのが，被服行動におけるクロス・セックスである（土肥，1998）。ファッションにおいて，ジェンダーの殻を破ってあちら側にいく，という感じだろうか。クロス・ジェンダーというべきかもしれない。江原・吉田（2008）が大学生を対象に行った調査では，男性では香水やコロン，柔らかい素材の服，ノースリーブ，ブレスレットやネックレスなどで男性のクロス・セックス化がみられ，そして男性よりも高い率で，女性がジャケットを着用するなどで女性のクロス・セックス化がみられている。これらは既存のジェンダー・ステレオタイプからの離脱傾向の高まりの一つにもなっている。

2020年には，US版『VOGUE』12月号の表紙において，ハリー・スタイルズが，胸元がシャーリングで，裾がマーメイドのように何重にもなったグッチのドレスをまとって登場した。

「男は化粧をしない」などの規範を打ち破り，女性的とされるものを取り入れる男性が出現していることは事実である。また，日傘はかつては女性が差すものとされた。しかし，実験研究において，若い年齢層の男性に対して，日傘は汗をおさえることができるので清潔感を醸し出せることを示すと，日傘への抵抗は弱まった（土肥，2018）。このように，美しさや快適さを求めることに男女の違いはないはずだという，ジェンダーよりも上位の価値観を，多くの人々がもつようになったようにも感じられる。

ユニセックスやアンドロジナスなどのように，最初からファッションに関するジェンダーの殻をもっていない人もいるであろう。しかし，ジェンダーの殻にこもっている人たちが，いざ殻を破ってクロス・セックスになろうとすると，最後の瞬間に「でもやっぱり，女だから無理だろう」「男がこんなことして変に思われないだろうか」とためらうのではないだろうか。「男だから」「女だから」と言い訳しないことが，自分の中の多様性を認め，ステレオタイプを変容させることにつながる。ファッションが，「男であること」「女であること」の縛りから解き放たれるきっかけになればと思う。

アンドロジニー——共同性と作動性の統合

　共同性と作動性を個人の中で統合することも，ジェンダー・ステレオタイプを打破するものになることを提起したい。第1章第2節でみたように，女性性と男性性の中核は，共同性と作動性である。それらは，人間として必要な2要素であるが，ジェンダー・ステレオタイプとして女性的，男性的とされてしまっているために，1人の人間の中で両立させるのが困難となっている。しかし，そうした2つの要素に折り合いをつけ，あるいは統合することでジェンダー・ステレオタイプを打破できるのではないか。こうした共同性と作動性を統合した個人が，アンドロジニー（androgyny：心理的両性具有）である。共同性（優しさ）と作動性（強さ）を対立的に捉えるのではなく，優しいから強くなれる，強いから優しくなれる，優しくするためには強さが必要となる，本当の強さには優しさがあるはず，という具合に発想転換することが，ジェンダー・ステレオタイプを捨てきれない人に対しては特に有益であろう。ちなみに，ユング心理学におけるアニマ・アニムス論におけるアンドロジニーは，一見矛盾する複数の自己の性質についての両面性を許容しているものとして捉えられている。

　ところで，アンドロジニーに近づきやすいのは，男性より女性であるのかもしれない（土肥，2006）。伝統的に男性は，女性的性格特性を自己に取りこむことに対して制約を受けてきたが（McCreary, 1994），反対に，女性が男性的特性を身につけることには社会は寛容だからである。ただし，女性的とされてきた共同性も，近年の新しい男性役割として認められつつある（渡邊，2017）。また，次項で説明するLGBTや，より多様な性的指向と性自認（SOGI）を認めようという動きも広がってきた。女性性・男性性，そして男女両性具有という「男」と「女」の2つの概念の代わりに，性別に関わりなく，望ましい人間のあり方として，共同性と作動性の統合がうたわれるようになりつつあるのかもしれない。こうした多様性をもった個人が増えることで，男女2色ではない十人十色の様々な個性をもった人間が増えて，社会の多様性も高められる。つまるところ，女性性と男性性をあわせもったという意味でのアンドロジニーとい

う用語は，ジェンダー・ステレオタイプがなくなるまでの過渡期にのみ使われるのが望ましいということであろう。女性性や男性性の用語は，男女別の○○用，○○的，○○らしさといったカテゴリーを定着させてしまう恐れもあるからである。

性の多様性

　近年，LGBTということばは，かなり一般に知られるところとなった。略字のLとGは性的指向の相手が自分と同性である者のことを指し，Bは性的指向の相手が同性と異性の両方である者のことを指し，Tは自分自身の性アイデンティティが身体的性と一致しない者を指す。LGBT以外にも，様々なセクシュアリティのパターンが存在する（第1章参照）。LGBTの人々がカミングアウトすることにより，性的指向性や性アイデンティティの多様性への認識が社会に浸透し，異性愛だけが「正常」であるといった「男女」の思いこみも減少していくだろう。こうした流れの中で，たとえば，地方自治体独自の判断による，同性愛のカップルのパートナーシップが認められるようにもなりつつある。

　性アイデンティティについては，トランスジェンダーに対するものとして，「シスジェンダー（cisgender）」がある。シスジェンダーとは，性自認と身体的性が一致している人を指す。一致しているのが当たり前ではないことを，人々にアピールできる概念である。

　さらに，「自明の理」であったものに対する疑問も呼び起されることになる。たとえばカップル単位社会（第3章参照）では，男女のカップルだけが想定されているが，ジェンダー・アイデンティティが多様であることが周知されつつある状況の中，なぜ，法的に認められる婚姻は，性的関係を伴う親密な異性関係の2者によるものでないとだめなのか，同性同士ではだめなのか，さらには，セクシュアリティを伴わない「親友同士」がカップルとなり家族をつくってはいけないのか，などの疑問が生じても不思議ではない。異性愛カップルだけが婚姻であるとみなされるのは，異性愛は「生殖」機能を果たすことができるという理由が発端であろうが，生殖は家族の機能の一部にすぎない。また家族の

社会規範として，異性愛カップルを中心に，ケアする人とされる人を家族に
まとめておくのは自然であるという考え方や，性的な関係に基づく親密な人間
関係こそが家族であるという考え方が，自明の理となっている。しかし，こう
した家族という枠組みが，異性愛以外の関係を排除し，性的マイノリティの人
たちへの偏見にもつながっていることに気づかなくてはいけない（コラム6-
3）。

多重役割と交差カテゴリー化——自分の中の，社会の中の多様性

　男性ばかりの中に女性が1人いる時の「紅一点」のように，個人が異性ばか
りの集団の中にいる場合，その人の性別カテゴリーが際立ってしまう。ただし，
日常生活においては，性別以外にも，職業，未既婚，家族形態，年齢層，社会
階層，などの様々なカテゴリーがあり，それぞれのカテゴリーでのレベル（種
類，有無など）の違いが組み合わさって，個人が特徴づけられることがほとん
どである。したがって，性別のカテゴリーは，対人認知においては確かに重要
ではあるが，それ以外のカテゴリーによって人をみる目が変わることが考えら
れる。そして，個人のこうしたカテゴリーには，自ら役割として獲得したもの
も少なくない。たとえば，一個人が，会社員であったり，PTA役員であった
り，同窓会員であったりするのである。このように，個人が多重な役割に従事
することで，特定のカテゴリーの顕在性が低下し，別のカテゴリーに意識を向
けさせられる，交差カテゴリー化の状態になるのである。

　多重な役割への従事による心理的影響に関しては，役割葛藤やエネルギー不
足などのデメリットよりも，メリットが上回るとする研究知見が多い。すなわ
ち，従事者本人の社会的アイデンティティが充実し，特にやりがいを感じられ
る役割への従事によって，心理的にも健康で生活満足感も高まることが知られ
ている（福丸，2003）。また，役割間の関係については，ある役割での経験が他
の役割遂行に対して有益になる，ポジティブなスピルオーバー（Stephens,
Franks, & Atienza, 1997）や，ワーク・ファミリー・エンリッチメント（Greenhaus
& Powell, 2006）などが知られている。

性の多様性に配慮して，同性カップルや友だちカップルであっても結婚を認め，異性カップルと同等の権利を与える動きが世界的に広がっている。2001年にオランダで世界初の同性婚（異性同士の結婚と同じ内容の結婚制度）が認められて以来，各国で同性婚（same-sex marriage, equal marriage）を容認する動きがみられる。2006年には，「モントリオール宣言」が採択され，性的マイノリティの差別禁止と，同性婚やシビル・ユニオン（civil union）制度またはシビル・パートナーシップ（civil partnership）制度の推進が課題とされた。シビル・ユニオンまたはシビル・パートナーシップとは，結婚と同等の「法的に承認されたパートナーシップ関係」を意味することばである。同性間カップルに対しても異性間の結婚と同等の法的地位を求める社会運動の高まりを受けて，1989年にデンマークで始まり，その後，先進国の多くで同名もしくは似た名称での法整備が進んでいる。

EMA（Equal Marriage Alliance）日本によると，2001年のオランダに続いて，ベルギー，スペイン，カナダ，南アフリカというように徐々に増え始め，2021年現在，同性婚が認められている国は28カ国にのぼる。ちなみに，英国は16番目，米国は18番目であった。2019年にはアジ

アで初めて，台湾で同性婚が認められるようになった。また，シビル・ユニオン制度など，同性カップルの権利を保障する制度をもつ国は23カ国である。両者を合わせると，世界で約20％の国がそういった制度をもっていることになる。しかし，2021年現在，日本国内において同性婚は認められていない。G7（フランス，アメリカ合衆国，イギリス，ドイツ，日本，イタリア，カナダ）のうち，同性婚が認められていない国は日本のみである。また，同性婚やパートナーシップ制度をもつ国のGDPは，世界全体の約58％を占めていることから，性の多様性を認めるような国々は経済的発展を遂げていることも推測される（EMA日本）。

日本では，同性婚は憲法第24条（婚姻は，両性の合意のみに基いて成立すると規定されている）の趣旨に合わないという説もあり，同性婚やシビル・ユニオン制度の法制化は遅れをとっている。しかし，同じ日本国憲法においては，「法の下の平等」に加え，「幸福追求権」や「性別に基づく差別の禁止」なども理念としてうたっており，同性婚を法制化する根拠になると考えられる。

同性婚ではないが，2015年に，東京都渋谷区で「渋谷区男女平等及び多様性を尊重する社会を推進する条例」がつくられて以来，パートナーシップ宣誓制度が

多くの自治体で設けられるようになり，2020年11月現在，65の自治体に達している。日本におけるパートナーシップ制度は，2人が「結婚」している事実を証明するだけで，法的な保障をほとんど伴っていないといわれているが，これが社会に浸透することにより，同性婚への道が開けることが期待される。

これまで，多重な役割への従事は，男性よりも女性の方が必要に迫られて行ってきた。妻や母親として一生を終えるのではなく，少しずつではあるが，職場をはじめ，あらゆる社会的場面に進出しつつあるからである。したがって，男性も父親としてケア役割を担い，それと同時に就労者であることは当然である。ただし，これも現代日本社会におけるジェンダーの一側面であるが，たいていの男性は稼得責任さえ果たせば，家庭内での役割を免除されてきたのである。では，稼ぎ主でいながらも，男性がケア育児をすることのできる条件は何か。それは，職場の理解，長時間労働でないこと，自分の裁量で仕事ができること，そして，妻が夫の育児を妨げないこと，などである。また，妻の就業や第2子出産時に父と子どもだけで過ごすなどの機会に，「ケアとしての育児」をすることは，夫が家庭にも居場所をつくることにもつながる（巽，2018）。妻の里帰り出産をやめて夫婦一緒に育児のスタートを切ることも，夫がケア役割に従事し，多重役割を実現する一助になると期待できる。

第4節　連帯によりジェンダー社会を変える

世界は1つか，自分は1人か

　ステレオタイプ打破につながるものとして，世界や自分についてのまったく対照的な2つの考え方を提案したい。一つが「世界は1つ」で，もう一つが「自分は1人」というものである。まず「世界は1つ」については，第2章第3節で，ステレオタイプがつくられる理由の一つとして，自分の仲間（内集団）とよそ者（外集団）を区別する傾向があることを紹介した。そこで，もし他者も自分の一部であると思うようになれば，皆が皆，内集団のメンバーとなり，内集団と外集団の区別が意味をなさなくなるはずである。つまり，自分以外の他者もかわいい自分の一部だと認識した時，人は内集団ひいきなどせず，したがってステレオタイプも形成・維持されないですむというわけである。ちなみに，自分以外の他者やその所有物を自分の一部であると認識する心理は，「拡張自己（extended self）」という概念に基づき研究されている。

　ただ，あらゆる人を自分の一部のように認識することは，現実的とはいえない。そこで，「世界は1つ」とはまったく逆の発想で，「自分は1人」と考えてみてはどうだろうか。つまり，「しょせん人間は，生まれるのも死ぬのも1人だ。自分以外の人は皆，外集団のメンバーなのだ」と。そう潔く「個」である自覚や覚悟をもった時，次に来るのは，「どんな相手の個性でも，それを認めないと，自分の個性だって人から認めてもらえなくなる。お互いを認め合わなくては。そして個性を尊重し合わなくては」という考えではないだろうか。そう考えることで，思いこみのもととなるカテゴリーとしては，「自分」と「自分以外」だけが残り，ジェンダーや民族，社会階層や職業などあらゆるカテゴリーは無効となり，それらを用いたステレオタイプはなくなっていくのではないか。これと関連して，大澤（2020）は，性的マイノリティ当事者の自己イメージについて，以下のように述べている。彼らは，トランスジェンダーやレズビアンといった集団への所属意識が重要であるのと同時に，そのカテゴリーにも違和感を見出して，自己の独自性を強調しているのだという。これも「自分は1人」の考え方だといえよう。

個人的解決を超えて

　社会が個人と社会の相互作用で成り立っている以上，そこで生じた問題に対しても，個人的解決と社会的解決の2つが考えられる。そして，心理学では主に，社会を変えるよりも，既存の社会にいかに「適応」し，個人的解決ができるかに関心をもってきた。たとえば，第2章にあるコントロール幻想，ポジティブ幻想などである。ジェンダー社会が変わるのを待っていては個人の人生は終わってしまうので，自分を変えることにも一理ある。しかし，社会的役割理論にもあったように，社会が変わり，役割行動が変われば，その役割に伴うステレオタイプも変えられる。裏を返せば，社会が変わらないままでは，ステレオタイプも維持される。たとえば，男女の賃金格差が大きい状況では，妻が育児をして夫が働く方が，休業中の給料ロスは少なくなる。そのため，女性の方が育児休業をとる方が合理的となり，男性の育児休業取得はなかなか実現し

研究紹介
6-1　個人のジェンダー・スキーマからみたジェンダー・ステレオタイプの変化

　個人がもつジェンダー・スキーマから，今後のジェンダー・ステレオタイプの内容はどう変わっていくと予想できるだろうか。

　土肥・廣川・水澤（2009）は，共同性—作動性尺度（CAS；Communion-Agency Scale）（土肥・廣川，2004）の項目のジェンダー診断比（Lippa & Connelly, 1990）を算出し，ジェンダー・スキーマの指標とした。ジェンダー診断比は，個人が，ある特性をもった人の割合において男女に違いがあると診断する傾向の強さに注目したものである。ジェンダー診断比が0.5であると，男女の推定割合は同一であること，すなわちジェンダー・ステレオタイプはないことを意味する。そして，0.5から遠ざかって1あるいは0に近づくほど，ジェンダー・ステレオタイプが強いことを示す。

　表6-1は，土肥ほか（2009）が，女子大学生273名に行った調査結果である。性別化得点，診断比とも，全調査対象者の平均値である。表にある通り，男女の割合がまったく同じであると評定した人

（無ステレオタイプの人数割合）が，肯定的作動性の「自分に自信がある」，肯定的共同性の「人と協力できる」，同じく肯定的共同性の「思いやりをもって人と接している」の項目に関しては40％にも達した。また，否定的作動性の「無能な人は我慢できない」に関しては，男性的ステレオタイプとされているにもかかわらず，そういう人は女性に多いと評定した人（逆ステレオタイプの人数割合）が，30％近くもいた。この結果からは，ジェンダー・ステレオタイプの中核となる特性でさえ，恒久的に同様の判断をされ続けることはないことが予想できる。

　なお，その他の個人のステレオタイプの強さの指標の一つとして，佐久間（2017）の「変動性の知覚」がある。これは，ステレオタイプ対象集団がもつとされる知的能力および性格全般において，その対象者同士がどのくらい類似しているかを評定させるもので，変動性が小さいことが，ステレオタイプが強いことの指標となる。

表6-1　共同性─作動性尺度の推定割合と，逆・無ステレオタイプに評定した者の割合

		推定割合(%)		性別化得点	診断比	逆ステレオタイプの人数割合(%)	無ステレオタイプの人数割合(%)
		男性	女性				
肯定的共同性（女性性）	ありがとうの言葉を口に出せる	60	74	14.0	.56	5.3	26.6
	相手の立場にたって考えられる	54	65	10.7	.55	6.7	37.0
	素直に謝ることができる	54	65	10.1	.55	12.0	32.9
	人をほめるのがうまい	49	68	19.1	.59	7.6	19.8
	人と協力できる	64	69	4.7	.52	13.4	42.3
	思いやりをもって人と接している	60	68	7.5	.53	8.7	40.8
肯定的作動性（男性性）	積極的に活動する	70	61	9.5	.54	13.7	27.7
	自分の意見は主張する	68	56	11.5	.54	13.5	29.5
	自分に自信がある	62	56	6.1	.55	15.5	44.3
	困難なことにぶつかってもくじけない	64	54	10.2	.55	12.0	29.7
	一度決心すれば，すぐに行動に移す	65	54	10.9	.55	13.7	25.1
	意志が強く，信念を持っている	67	57	9.9	.54	11.1	31.9
否定的共同性（女性性）	他人のことを気にしすぎる	44	69	25.5	.62	6.1	13.2
	人前で自分の意見をいうのは苦手だ	46	57	11.7	.56	14.9	25.4
	すぐに人に頼ることを考えてしまう	43	65	22.7	.61	10.2	18.7
	人の言葉に傷つきやすい	48	68	19.4	.59	8.2	21.1
	周りの人のことを考えすぎて行動できない	38	54	16.2	.59	9.1	26.9
	人の発言を深読みしすぎる	42	62	20.5	.60	6.7	19.9
否定的作動性（男性性）	無能な人は我慢できない	59	56	3.1	.51	28.7	27.0
	他人を自分のいいなりにさせる	56	64	15.6	.57	13.7	17.0
	相手の言い分に耳をかさない	57	49	7.8	.54	17.8	32.7
	人に攻撃的な態度をとる	60	46	14.3	.57	12.0	20.5
	自分とは異なる意見を受け入れることはできない	56	47	8.9	.55	14.6	32.2
	人の失敗は許せない	53	48	5.1	.53	20.2	35.2

出所：土肥ほか（2009）。

ない。こうした社会状況のままでは，女性が育児をするのがふさわしいという
ステレオタイプは維持されてしまうのである。

　個人的解決を社会的解決につなげる方法として，メディアの力は大きい。テ
レビや雑誌などのマスメディアに関しては，経営のトップやプロデューサー，
スタッフが男性に偏っており，そのため発信される情報はジェンダー化された
ものになっている場合が多いのが現状である。しかし近年は，ブログ，SNS，
ツイッター，動画サイトなどのソーシャルメディアの隆盛が起こり，利用者自
身が個人として容易に情報発信できるようになった（国広・東京女子大学女性学
研究所，2012）。これにより，多くの女性たちが情報発信者として，これまであ
まり表に出ることのなかった自身の活動などを，個人で発信することも可能と
なった。

　ただしここでも，男性社会への「適応」のために作用していないかについて
注意する必要がある。このような情報発信によって女性たちの存在が世に知ら
れることとなり，「美人すぎる○○」「笑顔が素敵な姉妹が営む○○」「女子大
学が企業とコラボして商品開発した○○」といったような売り文句で，メディ
アに「女性が行う活動」「女性が立ち上げたビジネス」ということだけに価値
が置かれて取り上げられるのは，標準が男性のままであることの表れでもある
のである。

制度を変える――アファーマティブ・アクション

　日本文化が性別役割分業の土壌となっていることは，すでに第3章第2節で
指摘した。しかし今後は，超高齢化・国際化などにより，ジェンダーの縛りは
弱まっていくことが期待できる。超高齢社会は，個人が長寿となり，仕事役割
が減少する中高齢期を引き延ばし，少子化は，女性の出産，育児期間を短縮さ
せ，国際化社会は，日本的家族主義的な雇用関係や慣習は通用しないことを突
きつけてきたからである。

　しかし実際のところ，性別役割分業はあまり弱体化していない。女性の就労
率は高まってきたが，男性がその分家事や育児に参入しているかといえば，育

児休業の取得率からもわかるように，遅々として進んでいない。介護も，介護保険によるサービスが2001年より開始されたが，近年増加している老老介護，認認介護の問題も解決していない。さらに，正規労働者を終身雇用し，その家族も丸抱えしてきた日本的家族経営は，経済低成長時代にあっては，大量の非正規雇用の労働者を増やし，経済格差を広げてしまった。また，「長になるのは男性」という慣例に従う組織の日本的なあり方が，ジェンダー格差を強めている。そのために優秀な女性が管理職に就くことや，昇進することがはばまれている。そして，政治や企業の施策決定の場に女性が参入できなくなっている。これを解決するには，もはや法的強制力によるアファーマティブ・アクション（積極的改善措置）しかないのではないか。努力義務では日本の社会は変わらないことは，証明されているのである。

　「アファーマティブ・アクション（affirmative action）」は「ポジティブ・アクション（positive action）」とも呼ばれ，人種や性別による社会的カテゴリー間の社会的資源の配分格差を是正する方法として，欧米諸国で始められた。これまでのやり方では，機会の平等（equality）が保証されても必ずしも実質的な平等がもたらされなかったのであり，こういった現実を打破するためには，法的な根拠を伴った結果の平等（equity）を追求していく必要があるという認識が強まったためである（図6-2）。管理職の女性比率を50％にしようなどと一定の割りあて枠を設けるクオータ（quota）制もそのうちのやり方の一つである。しかし，このような制度の導入は，恩恵にあずかれない人たちの心理的抵抗や，恩恵にあずかる人たちへのスティグマの問題など，賛否両論が繰り広げられている。アファーマティブ・アクションに対する人々の態度に関する研究をメタ分析してみると，数値目標の達成を優先する「結果志向」のやり方は，機会を平等にする「機会志向」のやり方より否定的な受け止められ方をしているとのことである（Harrison, Kravitz, Mayer, Leslie, & Lev-Arey, 2006）。諸外国の例も参考にしながら，日本もより効果的な制度の導入を早急に検討すべきであろう。

機会の平等   結果の平等

図6-2　機会の平等と結果の平等はこう違う

出所：Interaction Institute for Social Change（Artist: Angus Maguire）（http://interactioninstitute.org/
illustrating-equality-vs-equity/）.

女性の連帯

　本書では，個人の行動を科学する心理学という学問によって，ジェンダーの
ステレオタイプを中心に語ってきた。そのため，「適応」や「認知」というも
のが重視され，自分の心のもち方を変えることで何とか解決できる，うまくい
かなければ個人の努力が足りないからだ，という考え方になる。しかし，社会
そのものが変わらないと，ステレオタイプが根本的に変わることはないであろ
う。経営学者のカンター（Kanter, 1977）は，「黄金の3割」という法則を提唱
した。これは組織の中で力をもたないマイノリティでも，3割を超えると組織
の文化を変えられるというものである。日本政府の「202030」は，2020年まで
に女性管理職の割合を30％にまで引き上げるという目標を示したものであった。
しかしこの目標は，次の期限を決めることなく先延ばしにされた。日本は何か
突発事故（たとえば要職にある人の女性差別発言）や外圧（たとえば国際条約への批

准）がなければ動かない国であるようだ。

　たとえステレオタイプ自体をなくすことができないとしても，せめて，その中身を少しでも，あらゆる人に対して望ましいものにしなければならない。そのためには，連帯を組んで，個人として考えていることを束にして，大きな声にすることが必要である。女性は被害にあっても声に出さないものというステレオタイプを，女性たちが一丸となって変えた出来事があった。2018年にツイッター上で起こった世界的な「#MeToo（私も被害者）」運動は，映画界でのセクシュアル・ハラスメントを告発した数名の女優たちに続いて，同様の被害を受けたことがある女性たちが告発運動に参加したものである。

　これにならって，日本国内でも，職場でヒール・パンプスの靴を履くことは苦痛であり，女性だけが強制されたくないという「#KuToo」運動も起こった。これはインターネット上（https://kutoo.me/）での署名活動へとつながり，何万人もの人が賛同した。その結果，署名は厚生労働省へ提出され，国会の議題としても取り上げられた。2021年には，東京オリンピック・パラリンピック大会組織委員会の森喜朗会長の女性差別発言が国内外から非難され，ついには会長を辞任に追いこんだ。そこで一役買ったのも，差別発言を逆手にとった，ツイッター上での「#わきまえない女」のハッシュタグをつけた投稿であった。

　ジェンダーにより不利な立場に立たされてきた人のほとんどは，男性ではなく女性である。ただし，一言で女性といっても一人ひとりに個性があり，多様な生き方がある。だから，女性ということだけで一括りにして，連帯しようなどというべきでない，という考え方もあるだろう。しかしそれ以上に，女性としての共通性も大きいのではないか。仕事を続けるか辞めるか，結婚するかしないか，子どもを産むか産まないかは，女性一人ひとりで異なる選択をするであろうが，たとえ子どもを産まない選択をするにしても，他者から産む性である女性として扱われてきた点では共通しているし，仕事にしろ結婚にしろ，その決定の背後にある状況はきわめて似通っているのである。多様な生き方の選択肢は，ジェンダー平等の社会，誰しもがリプロダクティブ・ライツ（女性が産む・産まないを決める権利）を得ることのできる社会になって初めて，手に入

るものではないだろうか。

最後に──あなたが変われば社会も変わる

　本書は，人間全体を男か女かの軸で二分できるとする，「男女」の思いこみ
であるジェンダー・ステレオタイプについて批判的に論じてきた。ここで，筆
者たちがこの本を書くスタンスは，ジェンダーを「善悪」の2元論的に捉えて，
それによって利する男性を「悪」であるなどと，一方的に押しつけようとする
ものではないことを忘れないでほしい。というのも，ジェンダーによって不利
益を被っている男性や，ジェンダーに異議を唱える男性も少なくないし，反対
に，ジェンダーに迎合し利を得ている女性もいるからである。ジェンダーを打
破したいと考えつつも，現存社会の状況に妥協し，「適応」するための行動を
とることもあろう。人々のジェンダー観や行動は，ガチガチの2元論で片づけ
られるものではなく，スペクトラムのようなものとして捉えたい。つまり，
人々は柔軟に変わりうるのである。

　そして，あなたが自分の人生の主人公であり続けたいと思うならば，ほんの
少しの努力でもいいので，自分らしさを追い求めていってほしい。一人ひとり
が変われば，やがて今の社会もよりよいものになっていくに違いない。本書が，
これからの人生を「女であること」「男であること」に縛られずに生きていく
ための参考になれば幸いである。

引用文献

Bem, S. L. (1974). The measurement of psychological androgyny. *Journal of Consulting and Clinical Psychology, 42*, 155-162.

Dasgupta, N., & Asgari, S. (2004). Seeing is believing: Exposure to counterstereotypic women leaders and its effect on the malleability of automatic gender stereotyping. *Journal of Experimental Social Psychology, 40*, 642-658.

土肥伊都子 (1995). 心理学的男女両性具有性の形成に関する一考察　心理学評論, *37*, 192-203.

土肥伊都子（1996）．ジェンダー・アイデンティティ尺度の作成　教育心理学研究，*44*，187-194.

土肥伊都子（1998）．被服行動におけるクロス・セックス化　繊維製品消費科学，*39*，696-701.

土肥伊都子（1999）．"働く母親"，多重役割の心理学──個人化する家族の中で　東洋・柏木恵子（編著）　社会と家族の心理学（pp. 113-136）　ミネルヴァ書房

土肥伊都子（2000）．恋愛，そして結婚　藤田達雄・土肥伊都子（編著）　女と男のシャドウ・ワーク（pp. 1-18）　ナカニシヤ出版

土肥伊都子（2006）．男らしさ・女らしさ　福富護（編）　ジェンダー心理学（pp. 105-120）　朝倉書店

土肥伊都子（2018）．男性の日傘使用促進に関する実験的研究──世代の交差カテゴリーを用いて　日本心理学会第82回大会論文集，1012.

土肥伊都子・廣川空美（2004）．共同性・作動性尺度（CAS）の作成と構成概念妥当性の検討──ジェンダー・パーソナリティの肯否両側面の測定　心理学研究，*75*，420-427.

土肥伊都子・廣川空美・水澤慶緒里（2009）．共同性・作動性尺度による男性性・女性性の規定モデルの検討──ジェンダー・アイデンティティ尺度の改訂と診断比によるスキーマ測定　立教大学心理学研究，*51*，103-113.

江原絢子・吉田絋子（2008）．被服行動のクロス・セックス化に関する研究　茨城大学教育学部紀要（人文・社会科学・芸術），*57*，11-27.

EMA 日本ホームページ　http://emajapan.org/promssm/world（2020年12月15日閲覧）

Filut, A., Kaatz, F. A., & Carnes, M. (2017). The impact of unconscious bias on women's career advancement. *The Sasagawa Peace Foundation Expert Reviews Series on Advancing Women's Empowerment.*

Fineman, M. A. (1995). *The neutered mother, the sexual family and other twentieth century tragedies.* London: Routledge.（ファインマン，M.　上野千鶴子（監訳）（2003）．家族，積みすぎた方舟──ポスト平等主義のフェミニズム法理論　学陽書房）

福丸由佳（2003）．乳幼児を持つ父母における仕事と家庭の多重役割　風間書房

フリー百科事典　ウィキペディア（Wikipedia）　日本の同性婚　https://ja.wikipedia.org/（2020年11月15日閲覧）

フリー百科事典　ウィキペディア（Wikipedia）　世界の同性婚　https://ja.wikipedia.org（2020年11月15日閲覧）

Greenhaus, J. H., & Powell, G. N. (2006). When work and family are allies: A theory of work-family enrichment. *Academy of Management Review, 31*, 72-92.

Harrison, D. A., Kravitz, D. A., Mayer, D. M., Leslie, L. M., & Lev-Arey, D. (2006). Understanding attitudes toward affirmative action programs in employment: Summary and meta analysis of 35 years of research. *Journal of Applied Psychology, 91*, 1013-1036.

平山亮 (2017). 介護する息子たち——男性性の死角とケアのジェンダー分析 勁草書房

伊田広行 (1995). 性差別と資本制——シングル単位社会の提唱 啓文社

池上知子 (2014). 差別・偏見研究の変遷と新たな展開——悲観論から楽観論へ 教育心理学年報, *53*, 133-146.

Johnston, J., & Hewstone, M. (1992). Cognitive models of stereotype change: III. Subtyping and the perceived typicality of disconfirming group members. *Journal of Experimental Social Psychology, 28*, 360-386.

Jung, C. G. (1956). *Mysterium Coniunctionis: Untersuchungen über die trennung und Zusammensetzung der seelischen Gegensätze in der Alchmie.* Zürich: Rascher. (ユング, C. 池田紘一 (訳) (1995). 結合の神秘II 人文書院)

海妻径子 (2019). 親フェミニズム的に聴き取り大衆的に運動する——米国・英語圏男性性研究と日本男性学の研究動向比較からみる男性性変革運動の課題 国際ジェンダー学会誌, *17*, 48-67.

Kanter, R. M. (1977). *Men and Women of the Corporation.* New York: Basic Books.

唐澤穣 (1993). ステレオタイプ的信念の維持と変容 伊吹山太郎 (監修) 現代の心理学 (pp. 82-92) 有斐閣

北本さゆり・黒田研二 (2019). データから見た息子介護者の社会的背景 人間健康研究科論集 (関西大学), *2*, 1-22.

厚生労働省 (2019). 平成28年度「高齢者虐待の防止，高齢者の養護者に対する支援等に関する法律」に基づく対応状況等に関する調査結果

Kunda, Z., & Oleson, K. C. (1995). Maintaining stereotypes in the face of disconfirmation: Constructing grounds for subtyping deviants. *Journal of Personality and Social Psychology, 68*, 565-579.

国広陽子・東京女子大学女性学研究所 (編) (2012). メディアとジェンダー 勁草書房

栗田季佳・楠見孝 (2010). 「障がい者」表記が身体障害者に対する態度に及ぼす効果——接触経験との関連から 教育心理学研究, *58*, 129-139.

Lippa, R., & Connelly, S. (1990). Gender diagnosticity: A new Bayesian approach to gender-related individual differences. *Journal of Personality and Social Psychology, 59*, 1051-1065.

McCreary, D. R. (1994). The male role and avoiding femininity. *Sex Roles, 31*, 517-531.

内閣府 (2017). 平成29年版少子化社会対策白書　https://www8.cao.go.jp/shoushi/ shoushika/whitepaper/measures/w-2017/29webhonpen/index. html（2021年11月20日閲覧）

Olsson, M., & Martiny, S. E. (2018). Does exposure to counterstereotypical role models influence girls' and women's gender stereotypes and career choices? *A Review of Social Psychological Research. Frontiers in Psychology, 9*, 2264. https://doi.org/ 10.3389/fpsyg.2018.02264

大澤尚也 (2019).「心理的両性具有」の概念および測定法に関する文献展望　京都大学大学院教育学研究科紀要, *65*, 165-177.

大澤尚也 (2020). セクシュアル・マイノリティのジェンダー・アイデンティティに関する試論　京都大学大学院教育学研究科附属臨床教育実践研究センター紀要, *23*, 31-41.

佐久間勲 (2017). サブタイプ化における認知資源の役割 (1)　情報研究（文教大学情報学部）, *40*, 57-68.

Stephens, M., Franks, M., & Atienza, A. (1997). Where two roles intersect: Spillover between parent care and employment. *Psychology and Aging, 12*, 30-37.

鈴木真二 (2018). NASAの宇宙開発を支えた「語られなかった」女性たち　JSME談話室「き・か・い」, *166*. https://www.jsme.or.jp/publication/column/2018-02/ （2021年11月20日閲覧）

巽真理子 (2018). イクメンじゃない「父親の子育て」――現代日本における父親の男らしさと〈ケアとしての子育て〉　晃洋書房

渡邊寛 (2017). 多様化する男性役割の構造――伝統的な男性役割と新しい男性役割を特徴づける4領域の提示　心理学評論, *60*, 117-139.

（読者のための参考図書）
ボネット, I.　池村千秋（訳）(2018). ワークデザイン――行動経済学でジェンダー格差を克服する　NTT出版
　＊職場における男女格差を生み出す原因として「無意識のバイアス」を取り上げ，そ

の解決策を提案している。

北村英哉・唐沢穣（編）（2018）．偏見や差別はなぜ起こる？——心理メカニズムの解明
と現象の分析　ちとせプレス

＊ステレオタイプや，それに感情を伴った偏見，そしてそれらが行動として表された
差別についての心理メカニズムや，それらに対する社会心理学的研究が例示されて
いる。

前田健太郎（2019）．女性のいない民主主義　岩波新書

＊政治学者である著者が，あらゆる政治現象にジェンダーが関係しているとの認識の
もと，日本で政治権力が男性に集中してきたしくみを解き明かす。日本において女
性が政治に参画するのがいかに困難なことなのかがわかる。

ファインマン，M. A.　上野千鶴子（監訳）（2003）．家族，積みすぎた方舟——ポスト
平等主義のフェミニズム法理論　学陽書房

＊積みすぎた方舟とは，女性に育児や介護などのケア役割を担わせている近代家族の
ことである。家庭内でのジェンダーが変わるための画期的な法制度が提案されてい
る。

コンネル，R.　多賀太（監訳）（2008）．ジェンダー学の最前線　世界思想社

＊心理学，歴史学，政治社会学を学んだ著者によるもので，主に「差異と身体」の章
では，心理学的アプローチに対する様々な批判がされている。

人 名 索 引

事 項 索 引

執筆者紹介＆読者へのメッセージ

<ruby>青<rt>あお</rt></ruby><ruby>野<rt>の</rt></ruby><ruby>篤<rt>あつ</rt></ruby><ruby>子<rt>こ</rt></ruby>（第1章，第5章，第6章）
2003年 広島大学大学院教育学研究科博士課程後期教育人間科学専攻修了。2003年 博士（心理学・広島大学）。現在，福山大学名誉教授。主著に『ジェンダー心理学』（共著）朝倉書店　2006年，『ジェンダーの心理学ハンドブック』（共編著）ナカニシヤ出版　2008年，『働くことの心理学』（共著）ミネルヴァ書房　2008年，『女性とジェンダーの心理学ハンドブック』（共訳）北大路書房　2004年，『発達心理学の脱構築』（共訳）ミネルヴァ書房　2012年，『アクティブラーニングで学ぶジェンダー』（編著）ミネルヴァ書房　2016年。

> 1970年代に私は大学生でした。大学紛争が下火になり，ウーマンリブの運動が活発になった頃です。心理学という学問も男性中心，進学や就職にも女性差別があり，私たちは色々なことに怒っていました。でも世の中はなかなか変わらなかった。それは，私たちがいつの頃からか「怒る」のをやめたからではないか，と悔やまれます。皆さんも疑問を持ち続け，おかしいと思えばアクションを起こすことが大事です。

<ruby>土<rt>ど</rt></ruby><ruby>肥<rt>ひ</rt></ruby><ruby>伊<rt>い</rt></ruby><ruby>都<rt>つ</rt></ruby><ruby>子<rt>こ</rt></ruby>（第2章，第3章，第6章）
1990年 関西学院大学大学院社会学研究科博士後期課程単位取得退学。1997年 博士（社会学・関西学院大学）。現在，神戸松蔭女子学院大学人間科学部教授。主著に『ジェンダーに関する自己概念の研究』多賀出版　1999年，『女と男のシャドウワーク』（共編著）ナカニシヤ出版　2000年，『彷徨するワーキング・ウーマン』（共著）北樹出版　2001年，『エミネント・ホワイト』（共著）北大路書房　2003年，『ジェンダー心理学』（共著）朝倉書店　2006年，『「好き」と「嫌い」を心理学してみました』こう書房　2004年，*Gender personality in Japanese society*. Union Press　2014，『児童心理学の進歩』（共著）金子書房　2017年。研究室ホームページ　http://ksw.shoin.ac.jp/dohi/

太古から子を産み育てる性であること，また近代以降は職住分離により家族のケアをする性であることが女性の役割でした。しかし，科学テクノロジーのめざましい発展などが，育児を母親だけがするものではないように変え，労働における身体的，物理的な制約を減らしつつあります。この潮流をジェンダー平等の実現に生かすべく，ステレオタイプに取り組む社会心理学研究者として貢献し続けることを，ここに誓います！

もりながやすこ
森永康子（第4章）
1987年 広島大学大学院教育学研究科博士課程後期単位取得退学。1999年 博士（教育心理学・名古屋大学）。現在，広島大学大学院人間社会科学研究科教授。主著に『女らしさ・男らしさ　ジェンダーを考える』北大路書房　2002年，『そのひとことが言えたら』（訳）北大路書房　2005年，『科学と社会的不平等』（訳）北大路書房　2009年，『よくわかるジェンダー・スタディーズ』（共著）ミネルヴァ書房　2013年。研究室ホームページ　https://home.hiroshima-u.ac.jp/morinagay/site/

今も社会には様々な偏見や差別が存在しています。ジェンダーもその一つです。しかし，特定の集団に対する偏見・差別と異なり，ジェンダーに関するものはなかなか気づきにくいという特徴があります。それはなぜなのか，そこにはどのような心のメカニズムが働いているのか。そうした研究は知的にも興味深いものですし，何より差別や偏見を減らすための手がかりになります。このスイッチを押せば偏見・差別は消えてなくなる，というような簡単なものではありませんが，地道に頑張りたいと思います。

［新版］ジェンダーの心理学
——「男女」の思いこみを科学する——

1999 年 12 月 10 日	初　版第 1 刷発行	〈検印省略〉
2002 年 10 月 30 日	初　版第 5 刷発行	
2004 年 10 月 10 日	改訂版第 1 刷発行	
2019 年 3 月 30 日	改訂版第 6 刷発行	
2022 年 4 月 1 日	新　版第 1 刷発行	
2024 年 1 月 20 日	新　版第 2 刷発行	

定価はカバーに
表示しています

		青　野　篤　子
著　　者		土　肥　伊都子
		森　永　康　子
発 行 者		杉　田　啓　三
印 刷 者		坂　本　喜　杏

発行所　　株式会社　ミネルヴァ書房

607-8494 京都市山科区日ノ岡堤谷町 1
電話 代表（075）581-5191
振 替 口 座 01020-0-8076

ISBN978-4-623-09292-5

Printed in Japan

アクティブラーニングで学ぶジェンダー   B5判 218頁
    ——現代を生きるための12の実践   本体 2800円
  青野篤子 編著

よくわかるジェンダー・スタディーズ   B5判 242頁
    ——人文社会科学から自然科学まで   本体 2600円
  木村涼子・伊田久美子・熊安貴美江 編著

よくわかるスポーツとジェンダー   B5判 224頁
        本体 2500円
  飯田貴子・熊安貴美江・來田享子 編著

女性学入門［改訂版］   A5判 248頁
    ——ジェンダーで社会と人生を考える   本体 2800円
  杉本貴代栄 編著

「労働」から学ぶジェンダー論   A5判 260頁
    ——Society5.0でのライフスタイルを考える   本体 2500円
  乙部由子 著

未来をひらく男女共同参画   A5判 200頁
    ——ジェンダーの視点から   本体 2400円
  西岡正子 編著

———————————— ミネルヴァ書房 ————————————

https://www.minervashobo.co.jp/